스포츠지도사를 위한

스포츠심리학

스포츠지도사를 위한

스포츠심리학

이영훈 저

dm 동문사

머 리 말

경기에서 혹은 운동 상황에서 저 선수는 왜 그렇게 행동할까? 왜 그랬을까? 평상시 연습에서는 안 그랬는데 왜 경기에서만 혹은 왜 저 선수(팀)만 만나면 실력발휘를 못할까? 그러면, 어떻게 해야 할까? 어떻게 해결해야 하는 것인가? 이러한 것들을 고민하고 이것에 대한 답을 구하는 것이 스포츠심리학의 역할이다.

그러나, 이러한 상황을 명확하게 설명하고 정확한 정의에 도달하기에는 매우 어려운 것이 현실이다. 운동 환경, 선수의 특성과 시대에 따른 변화들이 다양한 관점에서 접근하고 고민되기 때문이다. 그래서, 이 책에서는 이러한 상황들을 이해하고 지도자로써 누군가를 가르치는 것을 배우는 과정에 있는 사람들을 위하여 '스포츠 심리학이란 무엇인가'에 대한 개념과 정의뿐 아니라, 스포츠 수행에서의 심리적 요인에 대한 다양한 접근 방법을 소개하고, 이해하도록 조직하려고 노력했다.

이 책은 총 12장으로 이루어져 있다.

제1장은 스포츠심리학이란 무엇인가에 대한 질문으로 스포츠심리학의 이해에 대해서 다루었다. 또한, 스포츠심리학의 역사와 5가지 연구영역에 대해 소개했다.

제2장은 인간 운동행동에 대한 내용을 이해하고, 운동제어, 운동학습, 운동발달에 대한 정의와 이론들을 다루었다.

제3장 ~ 8장은 스포츠(운동) 수행에 영향을 미치는 심리적 요인으로 성격, 동기, 스트레스와 불안, 주의집중, 목표설정, 자신감에 대해 다루었다. 각각 요인에 대한 개념과 이론, 측정방법과 이 요인들이 운동수행에 미치

는 영향이나 운동수행 향상 전략 등을 서술했다.

제9장 ~ 11장은 스포츠(운동) 수행에 영향을 미치는 사회적 요인으로 응집력, 사회적촉진, 공격성에 대해 다루었다. 앞장과 같이 각각 요인에 대한 개념과 이론, 측정방법과 이 요인들이 운동수행에 미치는 영향이나 운동수행 향상 전략 등을 서술했다.

제12장은 오늘날 일반인들의 건강관리나 운동에 대한 관심이 높아짐에 따라 발전하고 있는 분야인 건강운동심리학에 대해 다루었다. 건강운동심리학의 개념과 운동동기유발, 운동지속성 등의 세부사항에 대해 서술했다.

이 책을 탈고하면서 제 스스로 부족한 점을 많이 느껴 아쉽기도 하지만, 부족한 책이 나올 때까지 인내와 지원을 아끼지 않으신 동문사 이중수 대표님과 출판될 때까지 도움을 주신 많은 분들에게 감사의 인사를 드립니다.

2024년 12월

저자 이영훈

차 례

Chapter

1

스포츠심리학의 이해

1. 스포츠심리학의 개념

1) 스포츠심리학의 정의

2012년 여자골프 메이저 대회인 나비스코 챔피언십 최종 라운드 마지막 18번홀에서 대한민국의 김인경 선수는 약 30㎝도 안 되는 짧은 거리의 퍼트를 실패했다. 30㎝의 짧은 거리를 실패하리라고는 그 누구도 상상하지 못했으며, 당연히 이 퍼트가 김인경 선수의 우승 퍼트인 줄 알고 있었다. 연장전에 돌입한 김인경 선수는 우승에 실패했고, 이 사건은 골프 역사에서 가장 안타까운 순간 중 하나로 꼽히고 있다.

30㎝도 안 되는 짧은 거리는 골프를 처음 접한 초보자들도 부담 없이 넣을 수 있는 거리인데, 세계 최고의 선수가 짧은 퍼트를 실패한 이유는 무엇일까? 심리적 압박 상황이 선수에게 어떠한 영향을 미치는 것일까? 연장전에 돌입한 김인경 선수의 심리 상태가 어떠했길래 우승을 놓쳤을까?

이후, 김인경 선수는 6년 118개 대회만에 LPGA 투어 우승을 할 수 있었다. 우승 후 김인경 선수는 인터뷰에서 "여가 때마다 국내 사찰 등지로 명상 여행을 떠났고, 명상을 하고 눈을 뜨면 놀라운 세상이 펼쳐졌다"고 했다. 그렇다면, 명상이 스포츠 현장에서 심리적 압박을 해소하는데 도움을 주는 것일까?

탤런트 이훈은 SBS 예능 프로에 출연해 운동을 단 하루도 쉬지 않고, 아침에 일찍 일어나 주차장에서 혼자 드리블 하는 아들을 존경한다고 했다. 그렇다면, 이훈 아들은 다른 친구들처럼 늦잠도 자고 싶고, 게임도 하고 싶고, 친구들과 어울려 놀고도 싶을텐데 무엇이 그를 하루도 쉬지 않고 농구 연습을 하게 만드는 것일까?

또한, 세계 최고의 골게터인 축구 선수가 페널티킥 실축으로 인해 팀이 패배하는 결과를 낳고, 3점 슛 도사라는 별칭의 농구 선수가 자유투를 실패하고, 각종 태권도대회에서 우승을 하고 올림픽에서 강력한 금메달 후

보로 평가받던 선수가 유독 올림픽에서만 우승을 못했던 이유는 무엇일까? 월드컵 4강 신화를 이루었던 한국 축구가 왜 중동 팀들의 '침대축구'를 만나면 제대로 실력 발휘를 못하는 것일까?

경기에서 혹은 운동 상황에서 선수는 왜 그렇게 행동할까? 왜 그랬을까? 평상시 연습에서는 안 그랬는데 왜 경기에서만, 왜 저 선수(팀)만 만나면 평소의 실력발휘를 못할까? 그러면, 어떻게 해야 할까? 언제할 것인가? 즉, 이러한 것들을 고민하고 이것에 대한 답을 구하는 것이 스포츠심리학의 역할이다.

따라서, 스포츠심리학이란 앞서 제기한 사례들과 같이 '운동 혹은 스포츠라는 경쟁적 상황에서 발생하는 인간의 운동 행동과 관련되는 여러 가지 문제와 그것에 영향을 미치는 변인들을 연구하는 스포츠과학의 한 분야'라 정의 할 수 있다.

다음의 표 1-1과 같이 그동안 연구된 논문의 제목을 살펴보면, 스포츠심리학의 정의를 보다 잘 이해할 수 있다.

표 1-1 스포츠심리학 연구 제목 예시

영역	제목
일반	– 운동선수의 심리적 요인이 경기 수행에 미치는 영향 – 스포츠 자신감과 경기력의 관계: 심리기술 훈련의 효과 – 유소년 운동선수의 성취 목표 성향과 정서적 반응의 관계
동기, 자신감	– 엘리트 선수의 내재적 동기와 외재적 동기가 경기력에 미치는 영향 – 운동선수의 목표 성향과 스포츠 자신감 간의 관계 분석
심리기술	– 심상 훈련이 골프 선수의 퍼팅 성공률에 미치는 효과 – 운동선수의 심리기술 사용과 경기력의 상관관계 연구
스트레스	– 운동선수의 경기 전 불안이 수행에 미치는 영향: 심리적 조절 전략의 역할 – 청소년 운동선수의 스트레스 요인과 번아웃 예방 전략 연구
지도자, 팀	– 스포츠 코치의 피드백 유형이 선수의 심리적 안녕감과 수행력에 미치는 영향 – 운동선수의 팀 응집력과 경기력의 관계: 팀 내 의사소통의 역할
유아체육	– 유아기 체육활동이 정서 발달과 사회성 향상에 미치는 효과 – 유아체육 프로그램 참여가 아동의 자아 존중감 향상에 미치는 영향

일부의 사람들은 '심리'라는 용어로 인해, 어떻게 스포츠심리학이 눈에 보이지 않는 정신(마음)을 다루는데, 스포츠과학의 한 분야라고 할 수 있는지 의문을 가질 수 있지만 스포츠심리학의 연구는 '그럴 것이다'라는 연구가설 혹은 '그럴까?' 하는 연구문제를 측정 도구 혹은 측정 기계로 이를 증명해야만 학문적 가치를 인정 받기 때문에 우리가 스포츠심리학을 정의할 때 스포츠과학의 한 분야라는 용어를 사용하는 것이다.

심리학(Psychology)은 고대 그리스어의 psyche(영혼, 마음, 정신)와 logos(학문, 원리, 연구)에서 유래된 것으로, 인간의 정신(마음)을 연구하는 학문을 의미한다. 초기에는 철학적·신학적인 맥락에서 인간의 정신과 영혼을 탐구하는 개념이었지만, 이후 과학적 방법론이 적용되면서 현대적인 심리학으로 발전했다.

즉, 심리학은 유기체, 그중에서도 인간의 행동과 정신과정을 과학적이고 체계적인 방법으로 연구하는 학문으로 인간의 행동과 행동에 영향을 미치는 여러 가지 변인들을 연구하는 학문이라 할 수 있다.

많은 연구가 이루어져 있는 심리학을 스포츠 상황에서 벌어지는 문제의 해답을 얻기 위해 적용시켰다는 점에서 스포츠심리학을 심리학의 하위영역으로 보는 견해도 있지만, 많은 체육학자들은 스포츠심리학을 스포츠 상황에서의 운동 행동을 설명하고 예측하는 데 연구의 주안점을 두기 때문에 스포츠과학의 하위영역으로 보고 있다.

그러나, 스포츠심리학이 심리학적 연구 지식을 스포츠 상황에 적용하고 활용하고 있으며, 스포츠라는 특수한 경쟁적 상황에서 심리학적 지식을 도출하고 있는 학문이라는 것은 인정할 수 밖에 없다. 또한, 신체적 측면이 강조되는 '스포츠'와 정신적 측면을 연구하는 '심리학'의 결합은 스포츠심리학이 인간의 심신 상호작용을 탐구하는 학문적 영역이라는 사실을 시사해 준다.

다음의 표 1-2와 같이 학자들마다 스포츠심리학의 정의를 조금씩 다르게 보고 있지만, 여러 학자들의 견해를 종합해 보면, 스포츠심리학은 스포츠상황에서 인간행동을 체계적이고 과학적으로 연구하는 학문이라 할 수 있다.

표 1-2 스포츠심리학의 정의

학자	정의
Singer(1978)	운동경기나 스포츠 상황에 응용하는 심리학의 한 분야
Alderman(1980)	인간 행동에 관한 스포츠 자체의 효과를 연구하는 학문
Cox(1985)	스포츠상황에 심리학적 원리를 응용한 학문
Gill(1986)	스포츠 상황에서의 인간행동에 관한 의문점을 해결하려고 하는 스포츠과학의 한 분야
Cratty(1989)	선수의 경기력 향상에 중점을 두는 심리학의 하위 영역

* 출처 : 최영옥, 이병기, 구봉진(2002). 스포츠행동의 심리학적 이해.

2) 스포츠심리학의 역사

(1) 초기시대(1895~1920, 태동기)

스포츠심리학의 기원은 노먼 트리플렛(Norman Triplett, 1861~1931)의 연구(1898년)에서 시작되었다. 그는 타인의 존재가 운동 수행에 미치는 영향을 연구하기 위해 사이클 선수들을 대상으로 혼자일 때보다 경쟁자와 함께할 때 더 나은 수행을 보이는지 실험하였다.

기록을 분석한 결과, 경쟁자와 함께 달린 경우가 훨씬 기록이 좋은 것으로 나타났다. 이를 통해, Triplett은 다른 경쟁자의 존재가 운동 수행 능력을 향상시키는 사회적 촉진(social facilitation) 개념을 처음 제시했다.

Triplett은 최초의 스포츠심리학 실험 연구를 수행한 학자로 평가 받고 있으며, 이후 많은 학자들이 경쟁, 동기 부여 등의 주제를 탐구하는 계기가 되었으며 오늘날에도 팀 훈련, 응원 효과, 경기장 관중의 역할 등에 대한 연구로 발전했다.

(2) Griffith 시대(1921~1938, 창립기)

'스포츠심리학의 아버지'라 불리는 콜먼 그리피스(Coleman Griffith, 1893~1966)는 1925년 미국 최초로 일리노이 대학교에 스포츠심리학 연구소를 설립하고, 스포츠심리학 연구를 수행한 학자이다.

그는 연구소에서 운동선수의 정신 집중, 반응 시간, 시각적 인식, 동기부여 등에 대한 연구와 운동선수의 심리적 요인과 경기력 간의 관계를 연구하며, 스포츠심리학을 과학적인 학문으로 발전시키는 데 중요한 역할을 했다.

그는 1926년에 발간한 'The Psychology of Coaching'에서 운동선수의 심리적 요인을 이해하고, 코칭 기술을 향상시키기 위한 방법과 지도자가 선수의 심리를 고려해야 한다는 개념을 강조하였으며, 1928년에 발간한 'The Psychology of Athletics'에서는 운동선수의 정신력과 신체 수행 간의 관계와 경기 불안, 집중력, 자신감 등의 개념을 소개했다.

그리피스(Griffith)는 스포츠 심리기술 훈련(Mental Skills Training)의 기초를 확립했으며, 운동선수의 동기·자신감·경기 불안 등의 심리적 요인 연구와 스포츠 코칭에서 심리학의 중요성을 강조하였고, 스포츠심리학을 독립적인 학문으로 자리 잡게 한 선구자적 역할을 했다는 점에서 높이 평가받고 있다.

(3) 준비기(1939~1965, 정착기)

'현대 스포츠심리학의 개척자'라 불리는 버클리 대학의 프랭클린 헨리(Franklin M. Henry, 1904~1993)는 스포츠심리학과 운동학 발전에 크게 기여한 학자이다.

그는 운동 동작을 분석하고, 신체 움직임의 심리적·신경과학적 기초를 연구(운동 속도, 반응 시간, 신경근육 조절과 관련된 실험) 하였는데, 이 연구는 운동기능(Motor Skills) 및 운동 학습(Motor Learning) 분야에서 매우 중요한 기초가 되어 운동 제어(Motor Control)와 운동 학습(Motor Learning)연구의 선구자로 평가받고 있다. 그는 스포츠심리학이 단순한 응용 분야가 아니라, 실험과 연구를 통한 과학적 학문이 되어야 한다는 주장과 더불어 스포츠심리학이 더욱 체계적이고 학문적으로 인정받는 계기를 마련하여, 현대 스포츠심리학이 과학적 연구 분야로 자리 잡는 데 중요한 역할을 했다.

(4) 학문적 발달기(1966~1977, 도약기)

스포츠심리학의 도약기는 주로 1960년대와 1970년대 사이에 일어났으며, 이 시기는 스포츠심리학이 학문적으로 정립되고, 보다 체계적이고 깊이 있는 연구가 이루어진 시기이다. 이 시기의 주요 특징은 스포츠심리학이 독립적인 학문 분야로 자리잡기 시작했으며, 이론적 기초와 실용적 접근이 결합되면서 급격히 발전한 시기였다.

1960년대는 스포츠심리학이 점차 독립된 연구 분야로 발전하기 시작하여, 스포츠와 운동심리학의 관계가 본격적으로 탐구되었고, 특히 운동선수들이 경기를 준비하는 과정에서 심리적 요소가 중요한 역할을 한다는 인식이 확대되었다.

1970년대는 스포츠심리학이 본격적으로 학문적으로 자리 잡은 도약기로, 이 시기부터 스포츠심리학은 운동선수의 성과를 향상시키는 데 필요한 심리적 기법에 대한 연구가 집중적으로 이루어졌다.

중요한 연구 주제로는 동기 부여, 집중력 향상, 자신감 강화, 스트레스 관리, 심리적 회복력 등이 다루어졌으며, 심리학적 기술을 훈련에 통합하여 운동선수들의 심리적·신체적 성과를 동시에 향상시키는 방법에 대한 연구가 활발히 진행되었다.

(5) 현재의 스포츠심리학(1978~현재, 번영기)

1978년에 스포츠심리학학회가 설립되어, 스포츠심리학은 독립된 분야로 인정받기 시작했다. 1970년대 후반부터는 멘탈 트레이닝, 이미지 트레이닝, 자기 최면 등과 같은 심리적 기법이 운동선수들에게 실용적으로 사용되기 시작했으며, 심리적 기술 훈련 프로그램이 개발되었다.

이 시기에는 스포츠심리학이 스포츠 코칭, 팀 동기화, 심리적 강인함 훈련 등과 결합되면서 더 넓은 분야로 확장되었다.

1980년대에는 스포츠심리학이 운동선수들뿐만 아니라 일반인들에게도 더 널리 알려지기 시작하여, 운동의 심리적 효과에 대한 연구가 증가하면서, 스포츠심리학은 운동선수들의 성과 향상뿐만 아니라, 운동을 통한 스트레스 해소, 자아 존중감 향상, 정신 건강 증진 등에도 중요한 역할을 한다는 점이 강조되었다. 또한, 이 시기에는 스포츠심리학이 정신 건강 치료, 정신적 회복력 강화와 같은 분야와 결합되어 스포츠뿐만 아니라 여러 다른 분야로 확장되었다.

1990년대와 2000년대 이후에는 스포츠심리학이 더욱 발전하며, 심리학적 기술 훈련이 운동선수뿐만 아니라 일반인들에게도 널리 적용되었으며, 더 많은 연구가 진행되어 운동선수들의 성과 향상에 대한 다양한 심리적 기법들이 실용적인 방법론으로 자리 잡게 되었다.

현재 스포츠심리학은 운동선수들의 정신적 웰빙, 팀워크, 스트레스 관리뿐만 아니라 대회 준비, 심리적 회복력 훈련, 감정 조절, 동기 부여 등 다양한 영역에 걸쳐 영향을 미치고 있다.

(6) 우리나라의 스포츠심리학

우리나라의 스포츠심리학은 1980년대 후반부터 본격적으로 발전하기 시작했으며, 다양한 사회적·문화적 배경과 함께 점차 학문적 기반을 다져왔다. 우리나라 스포츠심리학의 발달 과정은 다음과 같다.

① 초기단계(1980년대)

1980년대 중반 한국에 스포츠심리학이 처음 소개되었고, 이 시기에 스포츠심리학에 대한 개념과 중요성이 알려지기 시작했다. 특히, '86아시안게임과 '88올림픽대회를 계기로 한국에서 스포츠심리학의 관심이 급격히 증가했다.

또한, 이 시기부터 체육학과에서 스포츠심리학 관련 강의와 연구가 진행되었고, 스포츠심리학학회가 설립되면서 학문적 기초가 다져졌다.

② 학문적 기틀 형성기(1990년대)

1990년대에는 스포츠심리학의 연구와 교육이 본격적으로 확산되었다. 스포츠 관련 학문 분야에서 심리학적 접근이 더 많이 이루어졌으며, 대학에서 스포츠심리학 전공 과정을 개설하기 시작했다. 이 시기에 다양한 스포츠팀에서 심리학적 기법을 도입해 성과를 올리기도 했다.

1990년대 초반, 한국 스포츠심리학회가 공식적으로 설립되었으며, 이로써 스포츠심리학 연구와 학술적 논의가 체계적으로 이루어지기 시작했다. 학회는 학술 대회를 열고, 스포츠심리학 관련 연구자들이 상호 교류하는 장을 마련했으며, 학문적인 발전을 촉진했다.

③ 스포츠심리학의 실용화 및 대중화(2000년대)

2000년대에 들어서면서 스포츠심리학의 연구가 보다 실용적인 측면에 초점을 맞추기 시작하여, 한국의 스포츠 현장에서 심리학적 기법을 활용하는 경우가 늘었고, 국가대표 선수들뿐만 아니라 대학·프로팀·일반 운동선수들에게도 심리 훈련이 적용되었다.

운동선수들이 멘탈 훈련을 통해 심리적 강인함을 길러 경기력 향상을 목표로 하는 접근이 본격적으로 시작되었다. 예를 들어 이미지 훈련, 자기최면, 호흡법 등의 기법을 운동선수들에게 적용하여 경기력 향상에 기여하였다.

또한, 스포츠심리학이 선수들의 성과 향상뿐만 아니라 일반인들의 건강, 동기부여, 스트레스 관리 등에도 도움이 된다는 인식이 확산되었으며, 스포츠심리학의 대중화가 이루어졌다.

④ 현재(2010년대 이후)

2010년대부터는 스포츠심리학이 더욱 전문화되었으며, 다양한 스포츠와 결합하여 심리학적 접근을 통한 심리적 웰빙과 정신 건강에 대한 관심도 커졌다. 이 시기에는 심리학과 체육학, 상담학, 교육학 등이 융합되어 더욱 발전한 모습을 보였다.

현재는 국내 여러 대학에서 스포츠심리학을 전공할 수 있는 학과나 연구 프로그램이 존재하며, 스포츠심리학 전문가를 양성하는 교육이 이루어지고 있다. 특히, 프로팀이나 대학팀에서 심리학적 기술을 활용한 코칭이나 상담, 멘탈 트레이닝이 적극적으로 적용되고 있다.

한국의 스포츠심리학은 개인 선수와 팀 스포츠뿐만 아니라 스포츠 정책이나 운동과 심리 건강 등의 다양한 분야에까지 영향을 미치고 있다. 심리적 회복력 훈련, 스트레스 관리 그리고 성과 향상 등을 위한 심리학적 기법은 점차적으로 스포츠의 전반적인 분야에서 핵심적인 역할을 하고 있다.

표 1-3 스포츠심리학 관련 주요 단체

구분	정의
국내	1. 한국스포츠심리학회 스포츠심리학 분야에서 가장 큰 학술 단체로, 스포츠 심리학 연구와 학술적 교류를 촉진하는 역할을 합하며, 스포츠심리학 관련 세미나, 워크숍, 학술 대회 등을 주관한다.
	2. 한국스포츠과학회 스포츠 과학 전반에 걸친 연구와 교육을 지원하는 단체로, 스포츠심리학도 포함된 다양한 분야의 연구를 다룬다.
	3. 한국심리학회 스포츠심리학 분과 한국심리학회의 일부로 스포츠심리학 분야의 연구와 활동을 지원하는 분과이다. 심리학의 다양한 영역 중 스포츠심리학에 대한 전문성을 높이고자 하는 연구자들이 모여 활동한다.
국외	1. International Society of Sport Psychology (ISSP) 국제 스포츠심리학회(ISSP)는 스포츠심리학 분야에서 가장 권위 있는 국제적인 단체이다. 전 세계 스포츠심리학자들이 소속되어 있으며, 학술 대회와 연구를 통해 스포츠심리학의 발전을 이끌고 있고, 매년 국제 학술대회를 개최하며, 스포츠심리학의 학문적, 실용적 발전을 목표로 활동하고 있다.
	2. American Psychological Association (APA) APA의 스포츠, 운동 및 성과 심리학 부문은 스포츠심리학의 발전과 연구를 지원하는 단체로, 스포츠 심리학자들에게 연구 자료와 네트워킹 기회를 제공한다.
	3. European Federation of Sport Psychology (FEPSAC) FEPSAC은 유럽 스포츠심리학의 학술적 네트워크로, 스포츠심리학 연구와 교육을 촉진하고 유럽 내 스포츠 심리학자들 간의 협력을 도모한다. FEPSAC은 유럽 전역에서 스포츠 심리학 관련 워크숍, 학술 회의, 연구 논문을 발표하는 중요한 플랫폼을 제공한다.
	4. International Association of Applied Sport Psychology (IAASP) IAASP는 스포츠 심리학의 실용적 적용에 중점을 두고 활동하는 국제적인 단체이다. 이 단체는 스포츠 심리학자들의 실무 활동을 지원하고, 스포츠 분야에서 심리학적 기법을 적용하는 데 필요한 자료와 교육을 제공한다.

2. 스포츠심리학의 연구 영역

스포츠심리학에서 연구하는 영역을 좀 더 세분화 하면, 운동제어(motor control), 운동학습(motor learning), 운동발달(motor development), 스포츠심리(sport psychology), 건강운동심리(exercise psychology)으로 나눌 수 있으며, 연구 영역에 대한 개념을 간단히 살펴보면 다음과 같다.

1) 운동제어(motor control)

인간의 운동생성 기전 및 원리를 규명하는 분야이다. 운동을 수행하는데 필요한 신경학적 과정과 시스템을 다루는데, 운동제어는 운동의 계획, 실행, 조정 및 피드백을 포함한 복잡한 과정으로, 목표를 달성하기 위해 신경계가 신체의 움직임을 어떻게 조절하고 조정하는지를 연구한다.

정보처리이론, 생태학적이론 등이 여기에 해당한다.

2) 운동학습(motor learning)

운동학습은 연습이나 경험을 통해 운동 기술이 비교적 영구적으로 변화하는 과정을 의미하며, 일시적 수행 향상이 아니라, 지속적인 연습을 통해 능숙한 동작을 습득하고 유지하는 것을 포함한다.

운동학습 과정, 운동기억의 파지, 전이, 연습의 법칙 등이 여기에 해당한다.

3) 운동발달(motor development)

인간이 태어나면서부터 죽을 때까지 신체적 능력과 운동 기술이 변화하는 과정을 연구하는 분야이다. 운동발달은 신경학적·신체적·사회적 그리고 심리적 요인들이 복합적으로 작용하는 과정으로 보통 연령대별로 구분되며, 각 시기마다 특성에 맞는 발달 단계를 연구한다.

성장, 성숙의 유전적 요인과 운동, 학습의 환경적 요인과 이들의 상호작용이 여기에 해당한다.

4) 스포츠심리

여기에서 말하는 스포츠심리는 좁은 의미(협의)의 스포츠심리학으로 운동 수행과 경기력 향상에 직접적으로 관련된 심리적 요인을 연구하는 분야이다. 즉, 운동선수나 스포츠 참가자의 심리적 상태가 경기력에 미치는 영향을 분석하고, 이를 최적화하기 위한 심리 기술 훈련을 다룬다.

성격, 불안, 동기, 자신감, 공격성, 응집력, 사회적 촉진 등이 여기에 해당한다.

5) 건강운동심리

신체 활동(운동)이 개인의 심리적·정서적, 그리고 전반적인 건강에 미치는 영향을 연구하는 분야이다. 또한, 사람들이 운동을 지속적으로 실천하도록 동기를 부여하고 행동 변화를 유도하는 심리적 요인도 다룬다.

즉, 건강운동심리학은 운동이 신체적 건강뿐만 아니라 정신적·정서적 웰빙에도 중요한 역할을 한다는 점을 과학적으로 탐구하는 분야라고 할 수 있다.

표 1-4 스포츠심리학의 연구 영역

구분	정의	핵심개념
운동제어	신체 움직임을 조절하는 신경 및 근육 체계를 연구	정보처리이론 생태학적이론
운동학습	연습과 경험을 통해 운동 기술이 습득되고 향상되는 과정 연구	연습, 피드백, 전이, 기억, 자동화
운동발달	인간의 생애 주기 동안 운동능력 변화 연구	유전적 요인, 환경적 요인, 발달 단계
스포츠심리	운동과 스포츠 수행에 영향을 미치는 심리적 요인 연구	성격, 불안, 동기, 공격성, 응집력 등
건강운동심리	운동 및 신체 활동이 건강에 미치는 심리적 요인 연구	운동 동기, 행동 변화, 운동 습관, 심리적 웰빙

Chapter

2

인간 운동행동의 이해

1. 운동제어

우리는 항상 움직이며 살아가기 때문에, 인간이 어떻게 움직임(운동)을 일으키고, 어떻게 이를 통제하는지에 대해 깊이 고민하지 않을 수도 있다. 그러나, 그렇다고 해서 인간의 움직임(운동)이 아무 개념 없이 저절로 이루어진다고 생각하는 사람도 없을 것이다.

예를 들어, 축구경기에서 수비 선수가 상대방 공격 선수의 슛을 막기 위해 태클을 할려고 전력으로 달려갔다고 가정 해 보자. 그런데, 막상 태클을 할려고 하니 반칙을 동반해야 해서 태클을 멈추고 다른 행동으로 상대방 선수의 공격을 차단하는 행동을 했다면, 순간적으로 태클을 멈추는 명령은 어디에서 발생하고 통제하는 것인지 설명할 수 있어야 할 것이다.

이렇듯, 인간의 신체 움직임을 조정하고 조절하는 과정을 연구하는 분야가 운동제어이다. 하지만, 학자들에 따라 이러한 궁금증을 해결하기 위해 다양한 이론을 주장하고 있다.

1) 정보처리이론

정보처리이론은 인간이 정보를 받아들이고 처리하여 행동으로 변환하는 과정이 컴퓨터의 정보 처리 과정과 유사한 방식으로 인간의 인지 과정을 이해하려는 이론이다.

이 이론은 인간의 인지 과정을 부호화(입력) → 기억(저장) → 인출(출력)의 과정으로 설명한다.

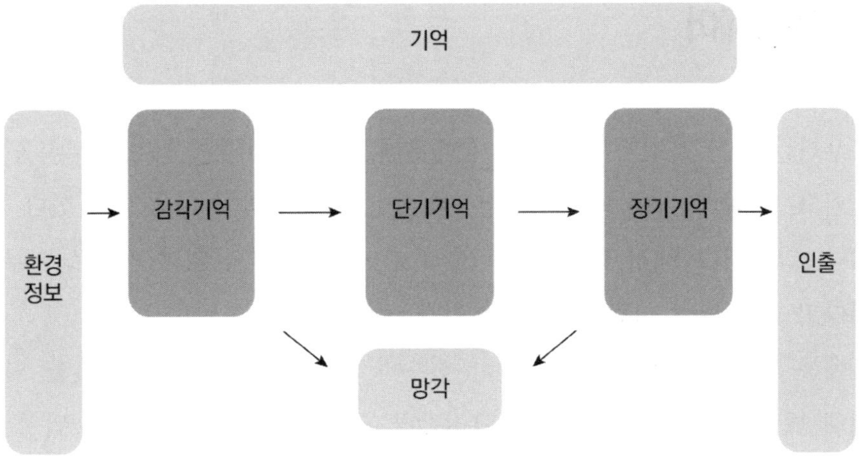

그림 2-1 정보처리이론

(1) 부호화(입력)

컴퓨터의 키보드, 마우스 또는 기타 입력 장치를 이용해 정보를 입력하는 과정과, 인간이 감각 기관을 통해 뇌에 정보를 입력하는 과정이 유사하다고 보는 관점이다.

그러나, 인간은 외부에서 주어진 자극 그대로를 머리에 입력하는 것이 아니고, 자기가 받아들일 수 있는 형태로 바꾸어서 혹은 변형해서 머리에 입력하게 된다. 이를 부호화라고 하는데, 부호화는 정보를 받아들여 의미 있는 형태로 변환하여 기억에 저장하는 과정이다.

즉, 외부에서 들어온 정보를 뇌가 처리할 수 있도록 변환하는 과정으로, 이는 정보가 단기기억에서 장기기억으로 전이되는 데 필수적인 역할을 한다.

부호화는 여러 방식으로 이루어질 수 있는데, 그 유형은 다음과 같다.

① 시각적 부호화

정보를 이미지(그림) 형태로 저장하는 방식으로 학습에서 시각적 자료(사진, 그림, 실물 등)를 활용하면 효과적이다.

② 청각적 부호화

정보를 소리로 변환하여 저장하는 방식으로 유아 체육에서 리듬과 노래를 활용한 교육이 효과적이다.

③ 의미적 부호화

정보를 의미 중심으로 변환하여 저장하는 방식이기 때문에, 가장 효과적인 부호화 방식으로 보고 있으며, 장기기억으로 저장될 가능성이 크다.

④ 운동 부호화

신체의 움직임(동작)을 통해 정보를 저장하는 방식으로 운동 학습에 매우 중요한 역할을 한다.

또한, 효율적인 입력과 부호화 과정을 강화하기 위해 표 2-1과 같이 다양한 전략을 활용하게 된다.

표 2-1 부호화 과정 강화 전략

전략	내용
반복	– 정보를 반복적으로 되새기며 기억을 강화 예) 유아들이 노래를 반복해서 부르며 가사를 익히는 것
연상	– 기존의 정보와 새로운 정보를 연결하여 기억 예) “사과는 빨강”처럼 색과 사물을 연결하여 기억하는 것
맥락활용	– 정보가 입력된 상황을 함께 기억하여 회상 능력 향상 예) 특정 음악을 들으며 공부하면, 그 음악을 다시 들을 때 기억이 떠오름
스토리텔링	– 개별적인 정보를 이야기로 만들어 기억 예) 역사적 사건을 스토리로 구성하면 더 쉽게 기억 가능
신체활동을 통한 학습	– 움직임을 활용하여 기억을 촉진 예) 손을 사용해 숫자를 배우거나, 춤을 통해 개념을 익히는 것

따라서, 부호화는 정보가 기억에 저장되는 중요한 첫 단계로, 입력된 정보를 시각적·청각적·의미적·운동적 방식으로 변환하여 장기기억으로 전이될 가능성이 높기 때문에, 유아체육 및 스포츠 심리학에서 효과적인 부호화 전략을 활용하면 학습 효과를 극대화할 수 있다.

(2) 기억(저장)

컴퓨터에 입력된 정보를 저장장치에 처리되는 것과 같이 정보가 부호화된 후 일정기간 동안 저장되는 과정이다. 정보처리이론에서는 기억을 감각기억, 단기기억(작업기억), 장기기억으로 나누어 설명한다.

표 2-2 기억의 단계

구분	특징	저장용량	지속기간
감각기억	– 감각기관을 통해 입력된 정보가 짧은 시간 동안 저장되는 단계 – 대부분의 정보는 매우 짧은 시간 내에 사라지지만, 주의를 기울이면 단기기억으로 넘어감	매우 큼	0.5~4초
단기기억 (작업기억)	– 감각기억에서 선택된 정보가 일시적으로 저장되고, 사고와 문제 해결을 위한 작업이 이루어지는 공간 – 정보를 장기기억으로 전이하려면 반복(리허설)이 필요함	제한적 (7±2)	약 10~20초
장기기억	– 정보가 오랜 시간 동안 저장되는 기억 저장소 – 정보를 효과적으로 저장하기 위해 의미적 부호화(의미를 부여하는 과정)가 중요함	무한대	영구적

효과적인 저장과 운동 기억을 증진하기 위해서는 반복 연습을 통해 절차적 기억을 강화(농구 슛 연습 등)하고, 이미지 트레이닝을 활용하여 운동 동작을 기억(경기 전 머릿속 시뮬레이션 등)하며, 리듬과 패턴을 이용한 동작 학습(태권도의 품새 연습 등)과 같은 의미 연결, 시각화 등의 전략이 필요하다.

(3) 인출(출력)

컴퓨터의 저장된 정보를 모니터나 혹은 출력장치인 프린터로 출력하여 정보를 살펴보게 되는데 인간 역시 기억에 저장된 정보를 필요할 때 꺼내어 사용하는 과정을 인출이라 한다. 감각기억, 단기기억, 장기기억에서 정보를 인출하게 되며, 인출이 원활하게 이루어지지 않으면 망각이 발생할 수도 있다.

표 2-3 인출의 유형

유형	특징	내용
재인	힌트를 보고 기억을 떠올리는 방식	– 주어진 단서(힌트)를 보고 기억을 찾아내는 과정 예) 객관식 시험에서 보기 중 정답을 고르는 경우
회상	힌트 없이 직접 기억을 떠올리는 방식	– 기억 속에 저장된 정보를 단서 없이 떠올리는 과정 예) 단어 시험에서 힌트 없이 직접 단어를 쓰는 경우
재생	다시 학습할 때 더 빠르게 기억하는 방식	– 과거에 배운 내용을 다시 학습할 때 더 빠르게 기억이 회복됨 예) 오랜만에 스키를 탈 때 처음 배우는 것보다 더 쉽게 익숙해지는 것

이상과 같이 컴퓨터의 처리 과정 관점에서 인간의 인지 과정을 부호화, 기억, 인출의 3단계 과정으로 살펴보았지만, 정보처리이론은 인간을 능동적인 정보 처리자로 가정하고 외부 환경의 자극을 주의·지각 → 반응선택 → 반응실행 → 피드백의 단계로 정보처리 과정을 설명하기도 한다.

① 주의·지각

주의는 감각 정보 중 중요한 정보를 선택하여 처리하는 과정으로, 제한된 자원을 효율적으로 활용하는 것이 중요하며, 지각은 감각 정보를 의미 있는 형태로 해석하는 과정으로 동일한 정보를 받아도 개인의 경험이나 기대에 따라 다르게 인식될 수 있다.

② 반응 선택

여러 가지 가능한 행동 중 가장 적절한 행동을 선택하는 과정으로, 운동제어 분야에서는 특정 동작을 결정하는 과정과 관련된다.

③ 반응 실행

선택한 반응을 실제로 실행하는 과정으로, 신경계가 근육에 신호를 보내 운동을 수행하도록 한다.

④ 피드백

수행 결과를 평가하고 수정하는 과정으로, 내부 피드백(신체 내부 감각)과 외부 피드백(코치의 조언 등)이 있다.

운동제어에서 정보처리이론을 중요시 다루는 이유는 첫째, 초보자는 많은 인지적 자원을 사용하여 움직임을 계획해야 하는 주의가 필요하며 둘째, 반복 학습을 통해 운동기술이 자동화 되어야 장기기억에 저장되며 셋째, 자동화된 기술은 정보처리 속도를 빠르게 하여 반응 시간을 단축시키며 넷째, 피드백을 활용하여 지속적인 수정과 향상이 가능하기 때문이다.

예를 들어, 농구 선수가 처음에는 슛을 하는 동작을 의식적으로 생각해야 하지만, 반복적인 연습을 통해 무의식적으로 빠르게 반응할 수 있게 된다.

2) 생태학적이론

정보처리이론이 운동제어를 인간의 운동적인 관점에서 접근하였다면, 생태학적이론은 인간의 행동을 단순히 컴퓨터와 비교해서는 안 되며 인간의 움직임을 행동적인 과점에서 접근해야 한다는 이론이다.

생태학적이론은 인간의 움직임이 개인, 환경 그리고 과제 간의 상호작용을 통해 형성된다는 개념을 바탕으로, 단순히 신경계의 작용만이 아니라 환경과의 관계 속에서 운동이 조절되고 학습된다고 보는 시각이다.

인간은 살아 있는 생물이기 때문에 한번 했던 행동을 기억하고, 그 기억위에 새로운 경험이 점차적으로 쌓여가며, 자신이 원하는 행동이 이루어지기 위해서 일일이 명령을 내리는 것이 아니라 환경속에서 자연스럽게 움직임이 학습된다고 본다.

따라서, 특정한 동작을 강요하기보다, 현장에서는 탐색을 통한 신체 활동을 유도하는 것이 매우 중요하다. 유아기 시절부터 공원, 놀이터, 트램펄린 등에서 자유롭게 뛰어놀도록 다양한 환경 제공함은 물론 장애물 넘기, 공 던지고 받기 같은 활동을 통해 운동 조절 능력을 향상시키고, 또래와 협력하는 놀이 속에서 자연스럽게 운동 기술 습득하는 것이 필요하다.

이외에도 여러 가지 이론들이 운동제어의 범주에 포함시키기도 하는데, 운동제어는 궁극적으로 운동학습과 밀접한 관계를 갖고 있기 때문에 나머지 이론들은 운동학습에서 설명하겠다.

2. 운동학습

1) 운동학습의 개념

인간은 간단한 동작부터 복잡하고 섬세한 기술까지 어떻게 배우고 어떻게 숙달하는가? 이는 학습을 통해 이루어진다고 볼 수 있다.

일반적으로 학습(Learning)은 경험이나 훈련을 통해 지식, 기술, 행동 등을 변화시키거나 향상시키는 과정을 의미한다. 즉, 하지 못했던 행동을 할 수 있게 되고, 몰랐던 것을 알게 되는 상태로 변화하는 과정이며, A라는 상태에서 B로 이동하기 위해 거쳐야 하는 과정이다. 이러한 변화는 반복적인 연습과 경험을 통해 이루어지는 후천적인 과정이다.

운동학습은 신체적 기술을 습득하고 향상시키는 과정에 중점을 두어, 운동 기술을 반복적인 연습과 경험을 통해 배우고, 나아가 그 기술을 효율적으로 수행할 수 있게 되는 과정이다.

운동학습에 대한 학자들의 정의는 이 분야의 다양한 이론과 연구 방향에 따라 차이가 있다. 각 학자는 운동학습을 다양한 관점에서 정의했으며, 그들의 정의는 운동기술의 습득, 반복, 적용 및 개선의 과정을 설명하는 데 초점을 맞추고 있다.

표 2-4 운동학습의 정의

학자	정의
Thorndike (1898)	– 운동학습은 특정 자극에 대해 반응을 통해 형성된 연결이 강화되는 과정으로 반복적인 경험을 통해 운동 기술이 강화되며, 새로운 자극에 대한 반응도 개선
P. Fitts & M. Posner(1967)	– 운동학습은 인지적 과정과 행동적 변화를 포함하는 과정 – 운동 기술의 정확성과 일관성이 점차 향상되는 과정
Schmidt (1975)	– 운동학습은 특정 운동의 기술을 습득하는 것이 아니라, 일반화된 운동 프로그램을 통해 다양한 운동을 효율적으로 수행할 수 있는 능력을 개발하는 과정
Bernstein (1967)	– 운동학습은 신체의 자유도를 제어하는 과정 – 운동은 여러 신체 부위의 협력과 상호작용을 통해 이루어지며, 학습자는 이들의 상호작용을 점차적으로 제어하는 능력을 키우기 때문에, 운동기술을 배우는 과정에서 신체 부위들이 어떻게 협동하는지를 이해하고 제어하는 것이 중요
Gentile (1972)	– 운동학습은 두 가지 목표를 달성하는 과정 – 첫째는 운동 기술을 정확하게 수행하는 것이고, 둘째는 다양한 환경에 적응하여 기술을 효율적으로 적용하는 것
Magill (2007)	– 운동학습은 반복적인 경험을 통해 지속적인 행동 변화가 일어나고, 이러한 변화는 운동 수행을 더욱 효율적이고 정확하게 만드는 과정 – 운동기술을 학습하는 것은 단순히 하나의 운동을 반복하는 것이 아니라, 운동을 더 잘 수행할 수 있는 능력을 기르는 과정
Schmidt & Lee (2014)	– 운동학습은 신체의 움직임을 계획하고 실행하는 정보 처리 과정 – 운동학습은 운동 계획을 세우고, 운동을 실행한 후 피드백을 통해 그 과정과 결과를 평가하여 개선해 나가는 일련의 과정

운동학습의 주요 개념은 다음과 같다.

(1) 기술 습득

운동학습은 단순한 신체적 운동을 넘어, 효율적이고 정확한 운동 기술을 습득하는 과정을 포함한다. 예를 들어, 농구에서 자유투를 정확하게 던지는 기술을 배우는 것과 같은 과정이다.

(2) 인지적, 행동적 변화

운동학습은 신체적 움직임뿐만 아니라, 인지적(문제를 해결하거나 전략을 세우는 능력), 행동적(반응 속도나 운동 강도 등) 변화를 포함한다. 학습자가 운동 기술을 익히는 과정에서 점점 더 자동적이고 자연스러운 움직임을 보이게 된다.

(3) 반복과 피드백

운동학습은 반복적인 연습과 그에 따른 피드백을 통해 이루어진다. 이 과정에서 운동자가 자신의 기술을 점검하고, 개선할 부분을 인식하며 점차 기술이 향상되며, 피드백은 외부에서 주어질 수 있고, 자신의 신체적 반응을 통해 주어질 수도 있다.

(4) 운동기술의 단계적 발전

피츠(P. Fitts)와 포스너(M. Posner)는 운동기술을 습득 과정이 다음의 3단계를 거친다고 주장했다.

① 인지 단계

운동 기술을 배우기 위한 첫 번째 단계로, 기술에 대한 이해와 시도가 중요한 시기이다. 기술을 수행하려고 하지만 많은 실수를 하며 피드백이 매우 중요하다. 예를 들어, 초보자가 골프 스윙을 배우면서 동작을 하나하나 신경 쓰는 과정이다.

② 연합(연습) 단계

운동 수행이 점점 유창해지며, 오류가 줄어드는 단계로 적절한 피드백을 통해 운동 패턴을 개선한다. 예를 들어, 골프 스윙이 점차 자연스러워지고, 미세 조정이 가능해지는 단계이다.

③ 자동화 단계

연습을 통해 운동 기술이 자동적으로 수행되고, 의식적인 조절 없이도 높은 수준의 수행이 가능하다. 예를 들어, 프로 골퍼가 경기 중 자연스럽게 스윙을 하는 과정을 생각하면 된다.

표 2-5 운동기술 습득 과정

단계	특징	필요한 주의력
인지단계	동작이 느리고, 일관성이 없고, 비효율적이다.	많은 양의 인지활동이 필요하다.
연합단계	동작이 유창하고, 신뢰성이 있다. 일부는 의식적으로, 일부는 자동적으로 조절된다.	적은 양의 인지활동이 필요하다.
자동화단계	동작이 정확하고, 일관성이 있으며 효율적이다. 대부분의 동작이 자동적으로 조절된다.	인지활동이 거의 필요 없다.

* 출처 : 강지현 외 7인(2019). 스포츠심리학.

2) 운동학습의 이론

(1) 자극-반응이론(SR 이론)

자극-반응 이론(S-R 이론)은 행동주의 심리학의 기본 개념으로, 인간이나 동물이 특정 자극(Stimulus)에 노출되었을 때 일정한 반응(Response)을 보이며, 이러한 과정을 통해 학습이 이루어진다고 설명한다. 즉, 학습은 외부 자극과 그에 대한 반응이 연합되는 과정에서 발생한다고 보는 관점이다.

그림 2-2 자극-반응 이론

자극-반응 이론을 체계적으로 연구한 손타이크(E. Thorndike, 1898)는 운동학습은 특정 자극에 대해 반응을 통해 형성된 연결이 강화되는 과정으로, 반복적인 경험을 통해 운동 기술이 강화되며, 새로운 자극에 대한 반응도 개선된다고 설명하였다. 즉, 학습은 시행착오(trial and error)를 거치면서 강화에 의해 형성되는 것이며, 이를 바탕으로 손다이크는 학습의 세 가지 주요 법칙을 도출하였다.

① 연습의 법칙

연습의 법칙은 빈도의 법칙이라고도 한다. 행동은 단 한번에 학습되는 것이 아니라 여러 번 반복한 결과로 습득되는 것이다. 즉, 연습을 많이 하면 자극과 반응의 결합이 강화되고 연습하지 않으면 결합이 약화되는 것이다.

예를 들어, 배드민턴 서브 연습을 많이 할수록 기술이 향상되고, 피아노 연습을 꾸준히 할수록 손가락 움직임이 자동화된다.

② 효과의 법칙

효과의 법칙은 결과의 법칙이라고도 한다. 학습의 결과가 만족스러운 상태이면 결합이 더 강화되어 학습이 견고하게 되며, 반대로 불만족스러우면 결합이 약해진다. 따라서, 어떤 행동을 학습하는 시간을 단축시키기 위해서는 행동의 결과에 뒤따르는 보상(강화물)이 있어야 한다.

예를 들어, 농구 선수가 올바른 슛 폼을 사용할 때마다 칭찬을 받으면, 바른 슛 폼이 강화된다.

③ 준비성의 법칙

학습하는 태도나 준비와 관련된 것으로, 새로운 사실과 지식을 습득하기 위해서는 준비를 충분히 할수록 결합이 용이하게 됨을 말한다. 즉, 학습할 준비가 갖춰져 있을 때 학습이 빨리 일어난다.

예를 들어, 어린 아이가 아직 손의 근력이 약한데도 야구 배트를 휘두르도록 하면 학습 효과가 낮아지는 반면, 신체적으로 충분히 성장한 후 훈련하면 효과가 극대화된다.

그리고, 운동선수의 어떤 행동이 강화를 받게 되면, 그 행동이 다시 발생할 확률이 높아지고 어떤 행동이 처벌을 받게 되면, 그 행동이 다시 발생할 확률이 낮아지는데, 자극-반응 이론(SR 이론)의 중요한 개념인 강화(reinforcement)에 대해 좀 더 구체적으로 살펴볼 필요가 있다.

④ 강화(reinforcement)

강화는 행동주의 학습이론에서 가장 중요한 개념으로 특정한 행동의 빈도를 증가시키는 것을 의미하며, 이를 위해서 사용하는 모든 것을 강화물이라 한다. 강화는 강화물이 더해지는가(제공) 또는 제거되는가(감소)에 따라 정적 강화와 부적 강화로 나뉜다.

벌은 강화와 대비되는 개념으로, 어떤 특정한 행동의 빈도를 감소시킬 목적으로 사용하는 모든 것을 의미한다.

- 정적강화 : 어떤 특정한 행동의 빈도를 증가시키기 위해서 그 행동을 한 사람이 좋아하고 즐거워할 것(상, 칭찬, 미소, 돈 등)을 제공해 주는 것을 의미한다.
- 부적강화 : 어떤 특정한 행동의 빈도를 증가시키기 위해서 그 행동을 한 사람이 싫어하고 불쾌해 할 것(야단, 욕, 회초리, 숙제 등)을 감(減)해 주는 것을 의미한다.

표 2-6 강화 및 벌의 차이

구분	가(加, +)	감(減, -)
정적 강화물 (상, 칭찬, 미소, 돈 등)	정적강화	벌
부적 강화물 (야단, 회초리, 욕, 숙제 등)	벌	부적강화

위 표에서 알 수 있듯이, 좋아하는 것을 주는 것만이 강화가 아니라, 싫어하는 것을 감해주는 것도 강화이다. 또한 싫어하는 것을 주는 것만이 벌이 아니라, 좋아하는 것을 감해주는 것도 벌이다.

따라서, 자극-반응 이론(SR 이론)을 스포츠 현장에 적용해 볼 때, 훈련 프로그램 설계 시부터 긍정적 강화(칭찬, 보상)를 사용하여 선수의 동기를 부여하고, 반복 연습을 통해 특정 기술이 자동화되도록 유도해야 하며, 경기 중에는 선수에게 즉각적인 피드백을 제공하고, 실수에 대한 과도한 처벌보다 올바른 행동을 강화하는 방식으로 코칭 전략을 세우는 것이 중요하다.

(2) 폐쇄회로 이론(Closed-Loop Theory)

1971년에 아담스(R. A. Adams)가 제안한 이론으로, 인간이 운동을 수행할 때 감각 피드백을 통해 지속적으로 운동을 조정한다고 이론이다. 아담스는 운동학습에서 감각 피드백이 중요한 역할을 한다고 강조하며, 운동의 정확성을 개선하려면 반복적인 연습과 정확한 피드백이 필요하다고 주장했다.

인간이 운동을 수행할 때 지속적으로 감각 정보를 받아들이고 이를 바탕으로 동작을 수정하는데 동작을 학습하기 위한 기본 계획인 기억 흔적과 수행 중 감각 정보를 바탕으로 정확성을 조절하는 지각 흔적의 두 가지 기억이 필요하다고 했다.

하지만, 폐쇄회로 이론은 균형 유지, 자세 조절과 같이 천천히 움직임을 수행하는 운동이나, 테니스와 같이 첫 서브가 목표 지점에 떨어지지 않았을 때, 다음 서브 시 팔꿈치와 손목을 조정하여 서브를 넣는 경기처럼 피드백을 받을 수 있는 종목일 경우에는 이 이론이 설명되지만, 운동 중 피드백을 반영할 시간이 부족한 빠른 움직임을 필요로 하는 운동에는 적용하기 어려운 한계점이 있다.

(3) 개방회로 이론(Open-Loop Theory)

개방회로 이론은 피드백 없이 미리 계획된 대로 운동을 수행한다는 이론으로, 운동이 시작되면 수행 중에 결과를 확인하거나 수정하는 과정이 없는 것이 특징이다.

동작을 빠르게 수행해야 하므로 운동이 시작된 후에는 감각 피드백을 통해 결과를 수정할 수 없기 때문에, 운동 계획이 정확해야 하며, 실수나 오류가 발생하면 이를 고칠 수 없다. 예를 들어, 펜싱 경기에서 찌르기 동작은 빠르게 이루어지며, 이 동작은 이미 계획된 대로 이루어지고, 경기 중에는 감각 피드백을 통한 수정이 이루어지지 않는다.

따라서, 개방회로 이론은 빠른 동작이나 간단한 움직임에 적합하며, 수행 중 피드백이 필요 없는 상황에서 유리하고, 자동화된 반복적이고 일관된 동작을 요구할 때 사용된다.

표 2-7 폐쇄회로이론과 개방회로이론의 비교

구분	폐쇄회로 이론	개방회로 이론
피드백 활용	감각 피드백 필수	피드백 없이 운동 수행
적용 예시	천천히 조절 가능한 동작 (자전거 타기, 글씨 쓰기)	빠른 동작 (던지기, 점프)
운동 계획	수행 중 지속적 조정	사전에 완전한 계획 필요
학습 과정	정확한 피드백과 반복이 중요	다양한 경험을 통해 도식 형성

결론적으로, 스포츠 현장에서는 어느 한 이론을 고집하여 적용하기 보다는 폐쇄회로 이론과 개방회로 이론을 상황에 맞게 혼합하여 적용하는 것이 효과적일 것이다.

폐쇄회로 이론은 유아들이 공 잡기, 줄넘기 등 새로운 운동 기술을 익힐 때 피드백을 제공하며 학습을 돕는 데 유용할 것이며, 개방회로 이론은 달리기와 같이 익숙한 운동을 자연스럽게 수행하는 것이 바람직하다.

(4) 일반화된 운동 프로그램 이론(Generalized Motor Program Theory)

일반화된 운동 프로그램 이론(GMP)은 운동제어와 학습을 설명하는 중요한 이론으로 운동을 수행하는 데 있어 감각 피드백 없이 사전에 계획된 운동 프로그램을 기반으로 한다는 개념을 제공한다.

폐쇄회로 이론과 개방회로 이론의 대안으로 개발된 일반화된 운동 프로그램은 운동은 고정된 동작 패턴이나 프로그램이 아니라, 유연하게 조정할 수 있는 운동 계획의 형태로 저장된다는 개념이다. 즉, 운동은 다양한 환경에서도 일관되게 수행될 수 있도록 저장된 기본적인 운동 패턴을 기반으로 하고 있으며, 이 이론은 다양한 변수를 조정할 수 있는 프로그램을 제공하며, 이를 통해 동일한 운동을 다른 상황에서 수행할 수 있게 한다는 것이 특징이다.

운동을 시작하기 전에 운동 프로그램을 선택하고, 그 이후에는 피드백 없이 프로그램이 자동으로 수행되며, 운동 중 필요한 세부 조정은 환경에 따라 다르게 적용되지만, 전체적인 운동 계획은 미리 정해진 대로 이루어진다.

예를 들어, 달리기에서의 발의 움직임이나 팔의 위치 등은 사전에 훈련된대로 일정하게 유지되지만, 운동 수행 중 상황과 환경에 의해 걷기나 달리기의 속도나 방향, 힘 등은 조정될 수 있다는 것이 특징이다.

결론적으로 이 이론은 운동 프로그램을 일관되게 수행하면서도 다양한 상황에 맞게 변경 가능한 요소들을 제어할 수 있다는 점에서 유연한 운동 조절 능력을 제공하는 중요한 이론이다. 이를 통해 인간은 빠르게 변하는 환경 속에서도 일관된 운동을 수행하고, 새로운 상황에 적응할 수 있는 능력을 기를 수 있다.

(5) 스키마(도식) 이론(Schema Theory)

스키마(Schema)는 기본적으로 개념적 틀이나 구조적인 체계로, 사람들이 정보나 경험을 조직하고 해석하는 방식을 설명하는 심리학적 개념이다. 스키마는 주어진 상황에 대해 어떤 규칙이나 패턴을 적용하여 새로운 정보나 경험을 이해하고 처리하는 데 중요한 역할을 한다.

운동학습에서 스키마(도식)는 주로 운동을 수행할 때 필요한 반응 규칙과 출발 조건을 처리하는 정보 체계를 말하며, 이는 운동의 효율성을 높이는 데 도움을 주며, 반복적인 학습을 통해 더 정확한 운동을 수행할 수 있게 만든다.

스키마 이론은 1975년 슈미트(R. Schmidt)가 제안한 이론으로, 운동을 학습하는 사람은 경험을 바탕으로 운동의 일반적인 규칙이나 구조를 형성하게 되며, 이 스키마는 다양한 상황에 맞춰 운동 기술을 조정하고 적응할 수 있도록 돕는다고 했다.

새로운 운동 기술을 배우는 초기 단계에서는 스키마가 형성되지 않으므로, 학습자는 여러 가지 조건에서 반복 연습을 통해 다양한 경험을 얻게 되지만, 운동 기술이 어느 정도 숙련되면, 학습자는 자신의 스키마를 바탕으로 다양한 환경과 상황에 맞게 운동을 조정할 수 있게 된다.

예를 들어, 농구에서 자유투를 연습하는 경우를 생각해 보자. 처음에는 자세, 힘 조절, 목표물을 향한 각도 등 여러 가지 요소들을 반복적으로 시도하면서 다양한 경험을 쌓지만, 시간이 지나면 그 경험을 바탕으로 자유투를 정확히 던질 수 있는 스키마가 형성되고, 이를 통해 다양한 상황에서도 자유투를 성공시킬 확률이 높아진다.

따라서, 스키마 이론은 운동학습의 효율성과 일반화 가능성을 높이는데 중요한 역할을 한다. 학습자는 운동을 반복적으로 경험하고, 그 경험을 통해 규칙을 추상화하여 다양한 상황에 적응할 수 있는 능력을 개발하게 된다.

표 2-8 스키마 이론의 예시(농구 자유투)

구분	예시
출발조건	공의 위치, 팔꿈치 각도, 다리 위치 등
운동반응	던질 힘과 방향, 팔의 움직임, 손목의 스냅 등
결과	공이 골대에 들어갔는지 여부
감각 피드백	공을 던진 후 손끝의 느낌, 공의 비행 경로, 목표물과의 일치도 등
기억 업데이트	성공적이었거나 실패한 결과를 바탕으로 스키마를 조정

(6) 다이나믹 시스템 이론(Dynamic Systems Theory)

다이나믹 시스템 이론은 운동 학습이 단순히 내적인 신경학적 과정이나 외적인 피드백의 반복을 통해 이루어지는 것이 아니라, 여러 요소가 상호작용하고 변화하며 적응하는 복잡한 시스템이라는 점에 초점을 두고, 동적이고 상호작용하는 시스템으로서 운동학습을 설명하는 이론이다

이 이론은 상호작용하는 요소들에는 신체적(근육의 힘, 체중, 유연성), 환경적(운동장에서의 공간, 기후 조건), 심리적(동기, 집중, 스트레스) 요인들이 서로 상호작용하여 운동학습이 일어난다고 보고, 환경적인 요소가 중요하다고 강조했다.

또한, 운동 수행이 비선형적으로 발전하는 비선형의 원리를 주장했다. 운동 학습이 일정한 패턴을 따라 진행되지 않으며, 환경적, 신체적, 심리적 요소들이 복합적으로 변화하는 과정에서 운동 능력이 발전한다고 했다.

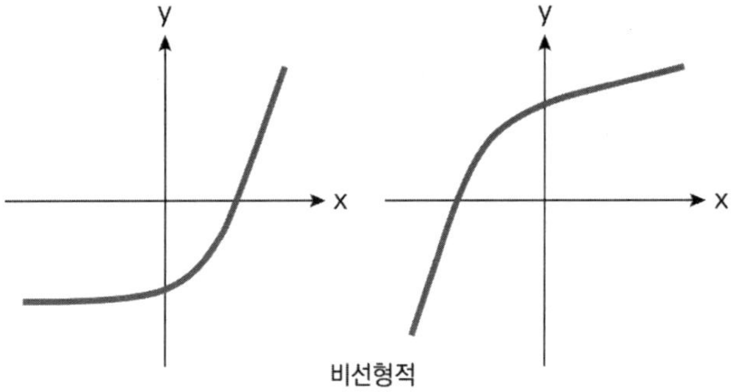

그림 2-3 다이나믹 시스템이론의 비선형원리

이와 더불어, 운동 수행이 자기 조직화 과정을 통해 이루어지며, 운동을 배우는 과정에서 중앙 집중식 지시나 고정된 규칙 없이, 자연스러운 상호작용을 통해 최적의 운동 수행이 형성된다고 했다. 예를 들어, 달리기나 농구와 같은 운동에서 운동선수는 스스로 신체의 동작을 조절하고, 각기 다른 환경과 상황에 맞춰 운동을 수행한다는 것이다.

이 이론에서는 선수의 자신감, 집중력, 동기와 같은 심리적 요소가 운동 수행에 중요한 영향을 미친다고 본다. 예를 들어, 경기에서 스트레스를 받으면 신체의 움직임이 달라질 수 있으며, 이는 운동 수행에 직접적인 영향을 줄 수 있다.

3) 운동학습의 과정

독일의 심리학자인 에빙하우스(H. Ebbinghaus, 1850-1909)는 기억과 학습에 대한 실험적 연구를 수행한 학자로 유명한데, 그의 연구 중 하나가 학습곡선이다.

에빙하우스는 무의미한 음절을 반복 학습하면서 기억이 형성되는 과정을 연구했다. 그 결과, 연습량(반복 횟수)에 따라 학습의 효율성이 증가하는 패턴을 발견했고, 이를 학습곡선으로 표현했다.

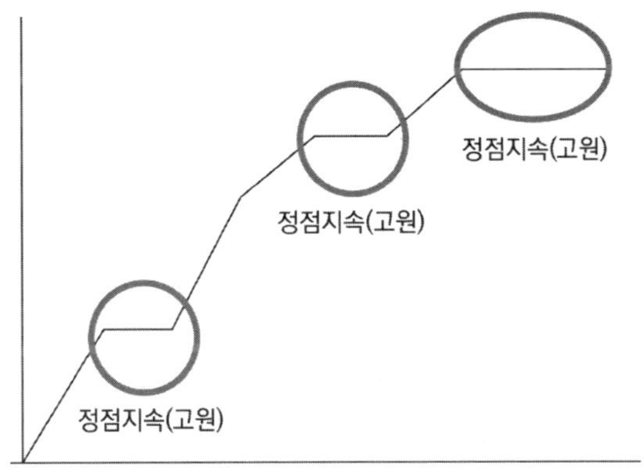

그림 2-4 학습곡선

* 출처 : 강지현 외 7인(2019). 스포츠심리학.

이 곡선은 시간이 지남에 따라 학습이 이루어지는 속도를 나타내며, 일반적으로 초반에는 학습 속도가 빠르나, 일정한 시간이 지나면서 점진적으로 학습 속도가 둔화되어 일정 수준에 도달하면 추가적인 연습에도 불구하고 성취도가 정체되는 고원(Plateau) 현상이 발생할 수 있다고 주장했다.

하지만, 무의미한 음절 학습과 운동선수의 연습과는 분명히 차이가 있을 것이고, 시간이 지남에 따라 학습자의 형태에 따라 특정 기술이나 지식을 습득하는 속도가 다를 것이다.

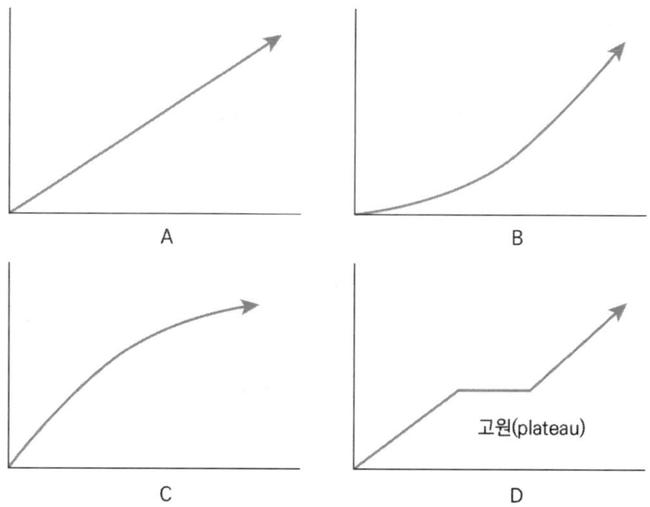

그림 2-5 학습이 진행되는 형태

* 출처 : 김준권, 박선영, 이현주(2014). 새로운 교육심리학

위 그림 2-5에서 알 수 있듯이, A의 경우 일정한 속도로 꾸준히 학습이 진행되는 형태인 선형 학습곡선을 보이고 있는데, 이러한 경우는 초기의 기본적인 기술 반복 훈련에 해당할 것이다.

B의 경우, 초반에는 학습 속도가 느리지만, 시간이 지날수록 급격히 향상되는 형태인 양의 가속 학습곡선을 보이며, 예를 들어 자전거 타기, 악기 연주 등이 여기에 해당할 것이다.

C의 경우, 초반에는 빠르게 향상되지만, 점점 학습 속도가 둔화되는 형태인 음의 가속 학습곡선을 보이며, 이러한 경우는 단순한 기술 습득 예를 들어 키보드 타이핑 등이 여기에 해당할 것이다.

D의 경우, 초반에는 일정한 속도로 학습이 꾸준히 진행되는 선형곡선을 보이지만, 일정한 시간이 지나면 정체되는 현상이 발생하는데, 이는 에빙하우스의 실험과 일치되는 현상으로 복잡한 개념 학습이나 스포츠 경기 전략 수립 등이 여기에 해당할 수 있다.

따라서, 스포츠지도사는 선수들이 슬럼프(정체기, Plateau)에 빠졌을 때 이를 극복할 수 있도록 동기부여 및 심리적 전략이 필요하다.

4) 운동학습에 영향을 미치는 요인

운동학습에 영향을 미치는 요인은 매우 다양하며 학습자의 특성, 과제의 성격, 환경적 요인 등이 복합적으로 작용한다. 특히 유아체육 교육이나 스포츠심리학에서는 이러한 요인들을 이해하고 적절한 학습법을 적용하는 것이 매우 중요하다.

(1) 학습자의 요인

운동학습(Motor Learning)에 영향을 미치는 학습자의 요인은 여러 가지가 있으며, 개별 학습자의 특성에 따라 학습 속도와 효과가 달라진다.

① 연령

연령은 운동학습의 기초적인 요소로, 신경 및 근육 발달 수준에 따라 학습 속도와 습득 방식이 달라진다.

- 유아기(3~6세) : 대근육 운동(예: 뛰기, 던지기, 차기)은 빠르게 발달하지만, 세밀한 협응 운동(예: 글쓰기, 젓가락질)은 비교적 느리다. 따라서, 놀이 중심의 학습이 효과적이며, 강압적인 훈련보다는 자연스러운 탐색이 중요하며, 주의 집중 시간이 짧기 때문에 다양한 자극을 제공하는 것이 필요하다.
- 아동기(7~12세) : 운동 기술 습득 속도가 빠르며, 신경계의 발달로 인해 새로운 기술 학습이 용이하다. 사회적 상호작용(팀워크, 경쟁)이 운동 동기에 영향을 주며, 신체적 성장과 함께 운동 수행 능력이 급격히 향상된다.
- 청소년기(13~18세) : 근력, 유연성, 지구력이 향상되며, 보다 복잡한 운

동 기술 습득이 가능하다. 인지 능력이 발달하면서 전략적 사고(전술, 게임 이해도)가 향상되며, 자아 정체성이 확립되는 시기로, 동기와 자율성이 중요하다.

- 성인기 및 노년기 : 성인은 학습 속도가 다소 느려질 수 있지만, 반복 연습과 인지적 학습 전략을 활용하면 효과적이다. 노년기의 경우 신경계 반응 속도와 근력이 감소하므로, 운동 강도와 형태를 조절할 필요가 있다.

② 동기

동기(motivation)는 사람들의 행동을 자극 또는 유발시키는 내면의 상태를 말한다. 무엇인가를 하고 싶어 하는 마음을 행동으로 나타나게 만드는 힘이며, 행동을 조직하고 활기 있게 하는 힘으로 사람을 움직이게 한다.

동기는 보상의 유형에 따라 내적 동기와 외적 동기로 구분한다.

- 내적 동기 : 운동 그 자체를 즐기거나, 성취감을 느끼는 것이 학습을 촉진한다(예 : 나는 공을 차는 것이 재미있어 !)
- 외적 동기 : 보상, 칭찬, 상장 등의 외부 요인에 의해 동기가 유발된다.(예 : 올림픽에서 우승하면 병역 면제 혜택을 받을 수 있어 !)

③ 신체적 특성

운동학습에 영향을 미치는 학습자의 요인 중에는 학습자의 신체 능력도 운동학습에 큰 영향을 미친다.

- 근력 및 지구력 : 근력이 충분해야 특정 운동 기술을 효과적으로 수행 가능하다(예 : 축구 슈팅을 강하게 하기 위해서는 하체 근력이 필요).
- 유연성 : 관절 가동 범위가 넓을수록 부상 위험이 줄고, 기술 습득이 쉬워진다(예 : 체조 선수는 높은 유연성이 요구됨)

- 협응력 및 균형 능력 : 신체를 조절하는 능력이 높을수록 새로운 운동 기술 습득이 용이하다(예 : 무용이나 피겨스케이팅에서는 균형 감각이 필수적)
- 반응 속도 : 환경 변화에 얼마나 빠르게 반응할 수 있는지가 운동학습에 영향을 준다(예 : 탁구 경기에서는 상대의 서브에 빠르게 반응하는 것이 중요)

따라서, 스포츠지도사는 유아, 청소년의 연령별 발달 수준을 고려한 지도법이 필요하며, 내적 동기를 유발할 수 있도록 재미있는 활동과 도전 과제 제공하는 동기 부여 전략을 잘 활용해야 하며, 주의 집중을 높이기 위해 적절한 피드백과 점진적 지도법을 잘 적용하고, 학습자의 신체적·감각적 특성에 맞춘 운동 프로그램 설계해야 한다.

(2) 과제 요인

운동학습은 학습자의 특성뿐만 아니라 학습해야 할 과제의 특성에 의해서도 크게 영향을 받는다. 과제의 복잡성, 난이도, 연습 방법 등에 따라 운동 기술 습득 속도와 효과가 달라질 수 있다.

① 과제의 복잡성

운동과제는 수행해야 할 동작의 수, 필요한 신체 조절 능력, 환경과의 상호작용 등에 따라 단순하거나 복잡할 수 있다.

- 단순 과제 : 동작이 비교적 단순하며, 소수의 근육군이 사용된다(예 : 공 잡기, 한 발로 균형 잡기, 팔굽혀펴기 등)
- 복잡 과제 : 여러 가지 움직임이 조합되며, 신체 협응이 중요하다(예 : 축구에서 드리블 후 슛하기, 체조의 연속 동작 수행)

② 과제의 난이도

운동과제의 난이도는 학습자의 현재 능력 수준과 비교하여 결정된다.

따라서, 과제가 너무 쉬우면 동기부여가 되기 어렵고, 과제가 너무 어려우면 학습자가 좌절할 수 있기 때문에 적절한 난이도 조정이 매우 중요하다.

또한, 동작을 줄이거나 속도를 낮추어 학습 부담을 줄이는 과제를 단순화 시키거나, 처음에는 쉬운 형태로 시작하여 점차 복잡하게 구성하는 점진적 난이도 증가하는 난이도 조절을 할 필요가 있다.

예를 들어, 농구 슛 연습 시 처음에는 가까운 거리에서 연습한 후 점점 먼 거리에서 슛 연습을 하게 하며, 줄넘기 연습 시 처음에는 한 발로 연습하고 이후 양발 교차, 이중 점프 순으로 운동학습을 하는 것이다.

③ 전이

전이(Transfer)란 이전의 학습경험이 다음의 학습경험을 촉진하거나 방해하는 학습현상으로, 한 운동기술이 다른 운동기술 학습에 미치는 영향을 의미한다.

- 긍정적 전이 : 이전에 배운 기술이 새로운 기술 습득을 촉진한다(예 : 배드민턴과 테니스는 비슷한 스윙 동작을 공유하여 학습 효과가 증가)
- 부정적 전이 : 기존 기술이 새로운 기술 학습에 방해된다(예 : 골프와 야구 스윙은 서로 다른 방식이므로 간섭이 발생할 수 있음)
- 관계 없는 전이 : 기존 기술이 새로운 기술 학습에 거의 영향을 주지 않는다(예 : 수영과 농구는 서로 기술적 유사성이 낮아 전이 효과가 거의 없음)

따라서, 스포츠지도사는 농구 슛을 잘하는 학생에게 핸드볼 슛을 가르칠 때 비슷한 원리를 설명하여 긍정적 전이가 일어나도록 해야 하며, 기존 습관이 방해될 경우 새로운 학습 방법 제시하여 부정적 전이가 최소화

되도록 노력해야 한다.

④ 연습

연습의 종류에 따라 학습 효과와 기술 숙달 속도가 달라질 수 있으며, 학습자의 특성과 운동과제에 적합한 연습 방법을 선택하는 것이 중요하며, 연습은 크게 전습법과 분습법, 집중연습과 분산연습, 구획연습과 무선연습으로 구분할 수 있다.

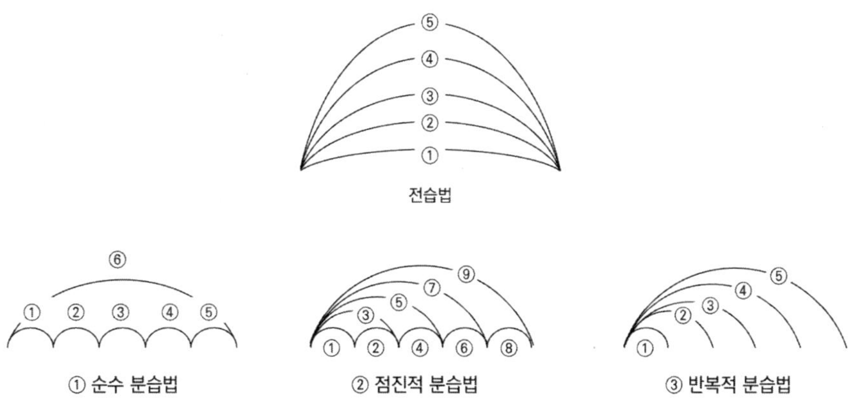

그림 2-6 전습법과 분습법에 의한 학습순서

• 전습법(Whole Practice, 전체 연습)

운동 기술을 처음부터 끝까지 하나의 동작으로 전체 연습하는 방법으로, 동작 간의 연결이 중요한 기술에 적합하고, 운동의 리듬과 흐름 유지에 효과적이다. 예를 들어 : 수영 영법 연습에서 팔 동작과 발차기를 따로 연습하지 않고, 처음부터 전체 동작을 수행하는 경우이다.

•분습법(Part Practice, 부분 연습)

복잡한 운동 기술을 여러 부분으로 나누어 연습한 후, 전체 동작으로 연결하는 방법이다. 복잡한 기술을 학습할 때 효과적이며, 초보자나 유아에게 적합하다. 예를 들어, 수영에서 팔 동작 따로, 발차기 따로 연습한 후 전체적으로 결합하는 방법이다.

표 2-9 전습법과 분습법의 비교

구분	전습법	분습법
특징	전체 동작을 한 번에 학습	동작을 여러 부분으로 나누어 학습
장점	동작의 흐름과 리듬 유지, 실제 상황 적용 용이	복잡한 기술을 단계적으로 학습 가능, 부담 감소
단점	초보자에게 어려울 수 있음	동작 간 연결성이 떨어질 수 있음
과제	전체 동작의 리듬이 중요한 운동 (예: 달리기, 농구 슛)	복잡하고 연결성이 낮은 운동 (예: 체조, 수영)
학습자	숙련자, 전체 동작을 이해할 수 있는 학습자	초보자, 유아, 복잡한 기술을 배우는 학습자

➡ 분습법의 종류

▸ 순수 분습법 : 운동 기술을 여러 부분으로 나누어 각각 독립적으로 연습한 후, 최종적으로 전체 동작을 수행하는 방식으로, 각 부분의 연습이 끝난 후, 전체 동작을 한 번에 연결한다.

(수영 자유형 : 팔 동작만 연습 → 다리 동작만 연습 →호흡법 연습 → 최종적으로 전체 동작 수행)

▸ 점진적 분습법 : 동작을 부분적으로 연습한 후, 점진적으로 다음 동작을 추가하여 전체 동작으로 연결하는 방식으로, 각 부분을 차례로 연결하면서 점진적으로 연습한다.

(배구 스파이크 : 토스 연습 → 점프 연습 → 토스+점프 연습 → 스윙 연습 → 토스+점프+스윙연습 → 전체 동작 수행)

▸ 반복적 분습법 : 하나의 부분을 연습한 후, 다음 부분을 추가하면서 반복적으로 전체 동작을 수행하는 방식으로, 점진적분습법과 비슷하

지만, 각 부분을 추가할 때마다 항상 이전 동작과 함께 반복 연습이다. (농구 레이업 슛 : 드리블 연습 → 드리블 + 스텝 연습 → 드리블 + 스텝 + 슛 연습 → 전체 동작 수행)

따라서, 스포츠지도사는 초보자 지도 시 단순한 기술부터 개별적으로 익히는 순수분습법 활용할 필요가 있고, 운동 기술의 흐름이 중요한 경우 점진적분습법 적용해야 하며, 스포츠 경기와 같은 실전 적용을 위해 반복적 분습법 활용하는 것이 필요하다.

- 집중연습 : 짧은 기간 동안 연습을 몰아서 수행하는 방식(하루에 4시간씩 한 번에 연습)으로, 단기적으로 빠른 숙달이 가능하지만, 피로 누적, 집중력 저하, 장기 기억에 불리할 수 있다.
- 분산연습 : 연습을 여러 세션으로 나누어 일정한 간격을 두고 수행하는 방식(하루에 1시간씩 4일동안 연습)으로, 피로 감소, 주의 집중 유지, 장기 기억에 유리하지만, 학습 시간이 길어질 수 있다.

따라서, 초보자 분산연습이 효과적이며, 숙련자는 집중연습을 활용할 수도 있다.

- 구획연습 : 특정 기술이나 과제를 반복적으로 연습하는 방식으로, 한 가지 기술을 여러 번 연속으로 연습한다. 초기에 기술을 습득하는 데 효과적, 짧은 시간 안에 각 기술의 기본적인 숙련도를 높일 수 있지만, 실제 경기나 상황에서 기술이 자연스럽게 변환되기 어려워 장기적으로 유용한 기술 습득에는 한계가 있다.
- 무선연습 : 여러 기술을 혼합하여 무작위로 연습하는 방식이다. 즉, 다양한 기술을 섞어가며 연습하는 방식이다. 실제 경기와 유사한 상황에서 기술을 사용해야 하므로 장기적인 학습 효과가 뛰어나지만, 초기에 어려움을 느낄 수 있고, 연습 속도가 더디게 느껴질 수 있다.

따라서, 구획연습은 초기 단계에서 기술을 빠르게 습득하는 데 유리하지만, 장기적으로 볼 때 무선연습이 실제 경기나 일상에서의 기술 응용에 더 효과적일 수 있으며, 유아체육에서도 구획연습은 기본적인 기술을 반복적으로 연습할 때 유용하고, 무선연습은 다양한 상황에서 기술을 적용할 수 있도록 도와준다.

⑤ 피드백

운동학습에서 피드백은 학습자가 운동 수행 중에 자신의 동작이나 행동에 대한 정보를 받아들이는 과정으로, 학습자가 동작을 개선하거나 교정하는 데 중요한 역할을 한다. 피드백은 학습자가 운동 기술을 습득하고 최적화하는 데 도움을 주며, 운동 수행을 향상시키는데 매우 중요한 요소이다.

피드백의 역할은 다음과 같다.

- 오류수정 : 피드백은 학습자가 잘못된 동작을 교정하고 정확한 기술을 습득하는 데 도움을 준다. 잘못된 습관이 형성되기 전에 교정하면 더 효율적으로 학습할 수 있다.
- 동기부여 : 긍정적인 피드백은 학습자의 자신감을 높이고, 학습을 계속하려는 동기를 부여한다. 성취감을 느끼게 해주어 지속적인 연습을 유도할 수 있다.
- 학습 효율성 향상 : 적절한 피드백은 학습자가 운동 기술을 더 빠르고 정확하게 습득하도록 도와주며, 피드백을 통해 학습자는 자신의 동작을 자각하게 되고, 점차 독립적으로 문제를 해결할 수 있는 능력을 기르게 된다.

현장에서 피드백 제공 시 다음의 사항을 고려해야 한다.

- 피드백의 타이밍 : 피드백은 적절한 타이밍에 제공되어야 효과적이다. 너무 자주 하면 의존하게 될 수 있고, 너무 늦게 하면 이미 수정할 기회를 놓칠 수 있다.
- 피드백의 구체성 : 피드백은 구체적이고 명확해야 합니다. 단순히 "잘했어"보다는 "팔꿈치를 더 구부려야 해"와 같은 구체적인 피드백이 더 유효하다.
- 긍정적 피드백의 사용 : 학습자가 동기를 잃지 않도록 긍정적인 피드백을 적절히 섞어주는 것이 중요하다.

(3) 환경적 요인

운동학습에 영향을 미치는 환경적 요인은 학습자가 운동 기술을 습득하고 수행하는 데 중요한 역할을 한다. 환경적 요인은 외부의 물리적·사회적 그리고 심리적 요소들이 포함되며, 이러한 요소들은 학습자가 어떻게 기술을 배우고 적용하는지에 영향을 미친다. 주요 환경적 요인은 다음과 같다.

① 물리적 환경

- 공간 : 학습이 이루어지는 공간의 크기와 형태는 운동 수행에 중요한 영향을 미친다. 예를 들어, 좁은 공간에서는 특정 운동이 제한될 수 있고, 넓은 공간에서는 다양한 움직임을 자유롭게 연습할 수 있다.
- 기후 및 날씨 : 야외에서 수행하는 운동은 날씨나 기후에 따라 운동 성과에 영향을 받을 수 있다. 예를 들어, 비나 눈이 오는 날씨에서는 달리기나 축구 등 야외 스포츠에서 어려움이 발생할 수 있다.
- 장비 및 시설 : 적절한 운동 장비와 시설이 제공될 경우 학습자는 운동을 더 효과적으로 연습하고 기술을 향상시킬 수 있다.

② 사회적 환경

•동료 및 팀 : 운동을 함께 하는 동료나 팀은 학습에 중요한 영향을 미친다. 팀워크나 사회적 상호작용이 중요한 스포츠에서는 서로의 협력과 피드백이 학습을 촉진할 수 있다.

•지도자 및 코치 : 지도자의 지도 방식, 피드백, 동기 부여 방법은 학습자의 기술 향상에 큰 영향을 미친다. 코치의 기술적인 조언과 함께 정서적 지원도 중요한 요소이다.

•문화적 배경 : 사회적 규범이나 문화적 가치관도 운동 수행에 영향을 미친다. 예를 들어, 특정 지역이나 국가에서는 특정 스포츠를 더 많이 접하고 연습하는 경향이 있을 수 있다.

③ 심리적 환경

•심리적 안정성 : 운동을 배우고 수행하는 데 있어 심리적인 안정성이 중요하다. 불안이나 스트레스가 많으면 운동 수행에 부정적인 영향을 미칠 수 있다. 따라서 심리적 안정감과 자신감은 중요한 요소이다.

•동기 : 개인의 내적 동기와 외적 동기 모두 학습에 큰 영향을 미친다. 내적 동기는 개인이 목표를 설정하고 자신이 원하는 성과를 얻기 위해 노력하는 반면, 외적 동기는 외부의 보상이나 칭찬에서 비롯된다.

•스트레스와 피로 : 과도한 스트레스나 신체적 피로는 학습 효과를 저하시킬 수 있다. 운동 중 스트레스가 높거나 피로도가 과도하면 학습 속도가 느려지고 성과도 낮아질 수 있다.

④ 외부 자극

•소음, 관중, 시선 등 : 경기장이나 훈련장에서의 외부 자극이 운동 수행에 영향을 미칠 수 있다. 예를 들어, 시합에서 관중들의 응원이나 압박이 심리적으로 영향을 미칠 수 있다.

•시각적, 청각적 자극 : 운동 수행 중 특정 자극에 대한 반응 능력도 중

요한 요소이다. 예를 들어, 농구에서 공의 위치를 빠르게 파악하는 능력은 시각적 자극에 대한 반응을 요구한다.

결론적으로, 물리적 환경은 운동을 수행하는 데 필요한 기본적인 조건을 제공하고, 사회적 환경은 운동의 지속성 및 협동적 학습을 촉진하며, 심리적 환경은 운동 수행의 자신감과 동기를 증가시켜 학습 성과에 긍정적인 영향을 미친다.

이 모든 환경적 요인은 운동학습의 효율성을 높이고, 학습자의 경험을 더욱 효과적이고 지속적으로 만들어 가는 데 중요한 역할을 한다.

3. 운동발달

1) 운동발달의 개념

올바른 운동을 하기 위해서는 인간이 태어나서 죽을 때까지 어떤 단계를 거쳐 어떻게 발달하는지에 대해 잘 알아야만 그 시기에 맞게 운동적 처치를 잘할 수 있을 것이다. 만약 이것에 대해 제대로 된 지식을 갖추지 못하면 엉뚱한 시기에 적절치 못한 운동적 처지를 해서 학습자들을 잘못된 방향으로 이끌 수 있기 때문에 인간의 발달에 대해 살펴보는 것은 매우 중요한 사항이다.

발달이란 인간이 일생을 통해 일어나는 변화, 즉 수태(잉태)의 순간에서부터 사망에 이르기까지 각 연령별 단계에서 나타나는 모든 변화의 과정을 말한다.

발달의 과정에서 선천적 측면인 유전과 후천적 측면인 환경이 영향을 미치게 되는데, 학자에 따라 어느 것이 더 강한 영향력을 미치는가에 대한 의견이 다르긴 하지만, 공통적인 견해는 유전적 요인과 환경적 요인의 상호작용으로 보고 있다. 즉, 발달은 유전적 요인인 성장(Growth)과 성숙(Maturation), 환경적 요인인 학습(Learning)의 상호작용으로 나타난 결과이며, 이를 살펴보면 다음과 같다.

성장(Growth)은 키가 큰다 몸무게가 늘어난다 등의 길이, 크기, 부피의 변화를 의미하는 양적인 변화를 말한다. 성숙(Maturation)은 신경계통이나 뇌분비선 계통과 관련해서 나타나는 변화로 경험이나 학습에 의하지 않고 갖고 태어난 유전적적인 기능으로 청소년기의 제 2차 성징이 성숙의 대표적인 예이다.

학습(Learning)은 유전과는 상반된 개념으로 후천적으로 변화하는 과정으로 이미 앞에서 설명한 바 있다.

운동발달은 개인이 생애 동안 경험하는 운동 능력의 향상과 변화를 의미하며, 이는 신체의 성장과 발달을 기반으로 하여 점차적으로 운동 기술, 협응력, 균형감각, 근력 등의 능력이 발달하는 과정을 포함한다. 운동발달은 유아기부터 노년기까지 모든 연령대에 걸쳐 일어나며, 각 시기에 따라 발달하는 운동 능력은 다르게 나타난다.

2) 운동발달의 원리

인간이 언제·어떻게 발달하며, 유전과 환경의 영향력에 대한 의견은 학자마다 조금씩 다르지만, 아동이 신체 능력을 발달시키는 과정에 영향을 미치는 여러 원칙들을 설명한다. 운동 발달의 주요 원리는 다음과 같다.

(1) 발달은 유전과 환경의 상호작용 결과이다.

인간의 발달은 선천적 유전적 요인과 후천적 학습이라는 훈련과 연습·경험을 통하여 이루어진다. 따라서, 발달 과정에서 두 변인 중 어느 하나의 변인도 소홀히 할 수 없다.

(2) 발달은 연속적, 점진적이지만 속도는 일정하지 않다.

인간의 발달은 쉬지 않고, 끊임없이 연속적으로 일어나며, 점진적으로 낮은 단계에서 높은 단계도 진행된다. 하지만, 영아기·사춘기의 급격한 신체적 발달과 유아기의 언어발달과 같이 특정한 시기에 발달 정도가 급격히 진행되는 결정적 시기(critical period)가 있다.

(3) 발달은 일정한 방향과 순서가 있다.

발달의 속도는 다르다고 할지라도 발달의 방향은 일정하다. 신생아의 발달과정을 생각해 보면 쉽게 알 수 있는데, 아기는 머리가 먼저 발달하고(위에서 아래로) 팔, 손, 손가락(중심에서 말초로)으로 순차적으로 발달하며, 전체에서 특수한 부분으로 발달이 진행된다.

(4) 발달에는 개인차가 있다.

모든 사람은 동일하게 발달하지 않는다. 각 개인의 발달은 선천적 유전, 후천적인 가정환경, 교육정도, 사회·문화적 조건 등에 의해서 영향을 받는다. 따라서, 모든 개체는 제각기 독특한 양과 질 그리고 속도를 가지고 다음 모양으로 발달해 나간다.

(5) 발달은 예언 곤란성이 내재해 있다.

발달은 나이가 많아짐에 따라 발달 경향의 예언이 점점 어려워진다. 즉, 사람마다 성장과정에 따라 경험하는 내용이 달라지고, 환경도 변하므로 일반적인 발달 경향과 행동의 예언은 점차 어려워진다.

(6) 발달은 초기 단계가 매우 중요한 시기이다.

학자들의 많은 연구에서 밝혀졌듯이, 발달의 초기단계인 영유아기는 성장 과정에서 가장 중요한 시기이다. 이 시기의 정상적인 발달이 이루어지지 않으면 이후 대인관계의 어려움, 사회성 부족 등의 부적응을 야기하게 된다.

3) 운동발달의 주요 단계

운동 발달은 인간이 성장하고 발달하는 과정에서 신체적인 능력과 기술이 어떻게 변화하는지를 설명하는 중요한 개념이다. 운동 발달의 주요 단계는 대체로 다음과 같이 나눌 수 있다.

(1) 영아기(0–2세)

- 반사적 운동 : 태어날 때부터 기본적인 반사 운동(빨기, 손에 잡히는 물체를 잡으려는 움직임)이 나타난다.
- 근육 협응 발달 : 목, 팔, 다리 등의 근육 제어가 점차 발달하여, 앉기, 기기, 걷기 등의 기본적인 운동 능력이 향상된다.

(2) 유아기(2–6세)

- 기본적인 운동 기술 : 걷기, 뛰기, 점프, 던지기, 잡기와 같은 기본적인 대근육 운동 능력이 발달한다.
- 세밀한 운동 기술 : 손과 눈의 협응이 좋아져 작은 물체를 잡거나 그리기, 쥐기 등의 세밀한 운동이 가능해진다.

(3) 아동기(6–12세)

- 기술적 운동 능력의 향상 : 어린이는 점차 더 복잡한 운동 기술을 습득한다.

- 협응력과 체력 발달 : 전반적인 체력과 협응력이 향상되어 복잡한 운동을 보다 잘 수행할 수 있다.

(4) 청소년기(12–18세)

- 고도의 운동 능력 발달 : 이 시기에는 신체적 성장과 성숙이 급격히 일어나며, 운동 기술과 체력이 매우 발달한다.
- 전문적인 운동 기술 습득 : 청소년은 스포츠나 신체 활동에 있어 고도의 기술을 습득하거나 경쟁적인 활동에 참여하게 된다.

(5) 성인기

- 운동 능력의 안정화 : 성인기에 이르면 운동 능력이 어느 정도 안정되며, 운동 수행 능력은 최고조에 달할 수 있다.
- 유지와 퇴화 : 나이가 들면서 신체 능력은 서서히 퇴화할 수 있지만, 규칙적인 운동을 통해 기능을 유지하거나 향상시킬 수 있다.

4) 갈라휴의 운동발달 단계 구분

아동의 운동 능력을 발달 단계별로 체계적으로 설명한 갈라휴(Gallahue)는 아동의 신체 발달과 운동 능력을 구체적으로 나누었다. 갈라휴의 운동발달 단계는 세 가지 주요 단계로 나누어진다.

(1) 기본 운동 능력 단계(약 2세~6세)

이 시기의 아동은 기본적인 운동 기술을 습득한다. 걷기, 뛰기, 점프, 던지기, 잡기 등 기본적인 대근육 운동을 배우며, 몸의 균형과 운동 협응을 개발한다. 이 단계는 아이들이 다양한 신체 활동을 통해 운동의 기초를 다지는 시기이다.

(2) 구체적 운동 능력 단계(약 7세~11세)

이 시기의 아동은 더욱 구체적인 운동 기술을 발달시킨다. 아이들은 기본적인 운동 능력을 바탕으로 보다 복잡하고 정교한 기술을 습득한다. 예를 들어, 축구, 농구, 체조 등 특정 운동에 필요한 기술을 익히기 시작하며, 운동 수행이 좀 더 전문화된다.

(3) 전문화된 운동 능력 단계(약 12세 이상, 청소년기)

이 단계는 특정 스포츠나 운동 활동에 대해 고도의 기술과 전략을 개발하는 시기이다. 아동은 신체적으로 성숙하고, 더욱 정교한 운동 능력과 기술을 구사할 수 있게 된다. 또한 운동 기술을 전문화하여 특정 운동에서 뛰어난 성과를 낼 수 있다. 이 단계에서는 전문적인 훈련이 이루어지고, 경쟁적인 스포츠 참여가 활발해질 수 있다.

이 외에도, 갈라휴는 운동 발달이 신체적·인지적·사회적 발달과 상호작용한다고 강조했으며, 운동 발달은 아동의 전체적인 발달과 밀접하게 연결되어 있으며, 각 단계에서는 다양한 운동 경험을 통해 운동 능력을 발전시키는 과정이 중요하다고 했다.

Chapter

3

성 격

1. 성격의 개념

1) 성격의 정의

성격은 개인이 환경과 상호작용하는 독특한 행동, 감정, 사고 패턴을 의미하며, 개인과 개인을 구별시켜 주는 심리적 구조라고 할 수 있다. 즉, 성격은 그 사람의 전체라 해도 과언이 아니다.

성격을 뜻하는 'Personality'는 고대 로마와 그리스에서 연극 배우들이 사용했던 가면을 뜻하는 'persona'에서 유래된 것으로, '가면이 성격이다'는 의미는 겉으로 드러내 보이는 그 사람의 피상적인 이미지를 뜻했다.

하지만, 오늘날 성격은 단순한 가면을 넘어 사회적 역할이나 개인이 지속적으로 나타내는 행동, 감정, 사고 방식의 특성으로 정의하기 때문에 피상적인 이미지보다는 더 복잡한 개념이다.

이 복잡한 개념인 성격은 다양한 학자들에 의해 연구되어 왔으며, 그 정의도 학자의 이론적 관점에 따라 차이가 있다. 다음은 대표적인 성격 심리학자들의 정의이다.

- 올포트(Allport, 1937) : 성격이란 개인 내부의 정신적·신체적 시스템의 역동적 조직으로, 환경과의 상호작용 속에서 그 사람만의 독특한 행동과 사고를 형성하는 것이다.
- 아이젠크(Eysenck, 1947) : 성격이란 개인의 생물학적 기반을 바탕으로 한 비교적 일관된 행동 경향성을 의미한다.
- 카텔(Cattell, 1950) : 성격은 개인이 환경에 적응하는 방식에서 나타나는 특성들의 집합이다.
- 프로이트(Freud, 1923) : 성격은 원초아(Id), 자아(Ego), 초자아(Superego)의 역동적 상호작용을 통해 형성된다.
- 반두라(Bandura, 1977) : 성격은 개인과 환경, 행동 간의 상호작용 속에서 학습되는 것이다.

학자들마다 성격의 정의를 조금씩 달리 표현하지만, 성격의 의미에 관한 여러 학자들의 정의에 관한 공통점은 다음과 같다.

(1) 성격은 개인마다 독특하다

모든 개인은 서로 다른 독특한 성격 특성을 가지고 있으며, 같은 환경에서도 각기 다르게 반응한다. 올포트는 성격이 개인마다 다르며, 단순한 성격 유형으로 분류할 수 없다고 주장했으며, 카텔(1950)과 아이젠크(1947)도 성격을 특정한 '특질(Trait)'로 분석했지만, 모든 사람이 동일한 방식으로 성격을 보이지 않는다는 점을 강조했다.

(2) 성격은 비교적 일관성이 있다

성격은 시간이 지나도 비교적 안정적이며, 여러 상황에서도 지속적인 경향성을 보인다. 성격은 단기적으로 변하지 않으며, 장기간 유지되는 특성이 있다. 특히, 성격 5요인 모델(Big Five)을 제시한 코스타와 매크레이(Costa & McCrae, 1987)는 성격이 성인기에 접어들면 상대적으로 안정된다고 보았다.

(3) 성격은 유전과 환경의 상호작용에 의해 형성된다

성격은 선천적인 유전적 요소와 후천적인 환경적 요소가 상호작용하여 형성된다. 아이젠크(Eysenck, 1990)는 성격이 유전적 요인(생물학적 기질)에 의해 부분적으로 결정된다고 보았다. 하지만, 반두라(1977)의 사회학습이론에서는 환경적 요인이 성격 형성에 중요한 역할을 한다고 주장했다.

따라서 성격은 유전과 환경이 결합하여 만들어진다고 볼 수 있다.

(4) 성격은 역동적이며 변화할 수 있다

성격은 완전히 고정된 것이 아니라, 환경적 경험과 학습에 따라 변화할 수 있다. 미셸(Mische, 1968)은 성격이 단순히 고정된 특성이 아니라, 환경적 요인과 경험에 따라 다르게 표현될 수 있다고 주장했다.

이는 반두라(1977)의 사회학습이론과도 연결되며, 성격은 환경과의 상호 작용 속에서 변화할 수 있는 요소를 포함하고 있다.

(5) 성격은 행동에 영향을 미친다

성격은 개인의 사고방식과 행동 패턴에 직접적인 영향을 준다. 프로이트의 정신분석 이론에서는 원초아(Id), 자아(Ego), 초자아(Superego)가 개인의 행동을 조절한다고 보았다. 또한, 코스타와 매크레이(1987)의 빅 5 모델에서도 성격 요인이 행동 및 감정 반응에 영향을 미친다고 설명했다.

2) 성격의 구조

스포츠심리학에서 성격은 위계적인 구조(Hierarchical Structure)를 가지고 있으며, 보통 다음 세 가지 층으로 구성된다고 설명한다.

(1) 심리적 핵심

성격의 가장 안쪽 부분으로, 개인의 신념, 가치관, 태도, 자아개념 등을 포함한다(Hollander, 1967). 심리적 핵심은 개인의 가장 안정적인 부분이며, 쉽게 변하지 않는다. 예를 들어, 어떤 선수가 '나는 끝까지 최선을 다하는 사람이다'라는 강한 신념을 가지고 있다면, 경기에서 어려운 상황이 닥쳐도 쉽게 포기하지 않는다.

(2) 전형적인 반응

개인이 특정한 상황에서 보이는 일반적인 행동 패턴으로(Pervin, 1996), 이는 개인이 여러 상황에서 보이는 일관된 반응 방식을 의미한다.

예를 들어, 어떤 선수는 경기 전에 항상 긴장하는 반면, 또 다른 선수는 차분한 태도를 유지하는 경향이 있다.

(3) 역할 관련 행동

사회적 환경과 역할에 따라 변화하는 행동을 의미한다(Hollander, 1971). 성격의 가장 바깥층에 해당하며, 환경적 요인에 따라 유동적으로 변화할 수 있다.

예를 들어, 한 선수가 팀 내에서는 리더십을 발휘하지만, 코치 앞에서는 조용하고 겸손한 태도를 보일 수도 있다.

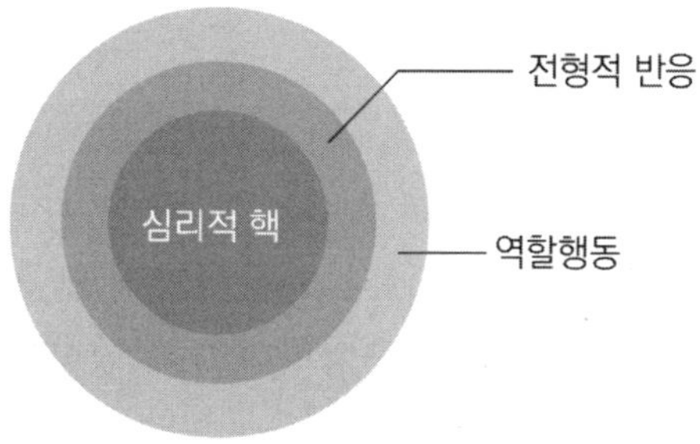

그림 3-1 성격의 구조

2. 성격 이론

스포츠에서 성격이론은 선수들이 다양한 환경에서 어떻게 반응하는지, 그리고 그들의 성격 특성이 경기력에 어떤 영향을 미치는지 설명하려고 한다.

1) 심리역동 이론

인간의 행동과 경험을 이해하기 위해 정신의 무의식적인 요소와 내적 갈등을 강조하는 이론입니다. 이 이론은 주로 프로이트(S. Freud)의 정신분석학적 이론에서 유래했으며, 스포츠 환경에서도 운동선수의 행동, 동기, 감정 등을 이해하는 데 적용된다.

'정신분석'이란 용어를 처음 소개한 프로이트는 인간의 성격에 대해 연구한 '정신분석학'을 처음 창안한 사람이다. 그는 인간의 정신세계(의식구조)는 의식·전의식·무의식 세계와 성격 구조는 본능(id), 자아(ego), 초자아(super ego)의 세 가지 요소로 구성된다고 했다.

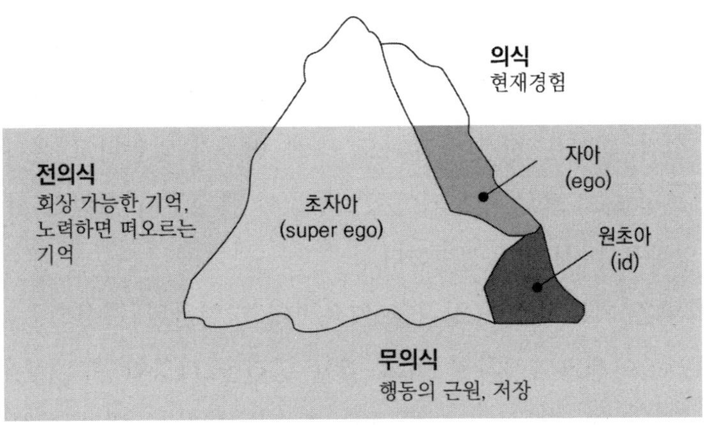

그림 3-2 프로이트의 성격구조

본능(id)은 성격형성의 가장 근본적인 부분으로 태어날 때 본능만을 가지고 태어난다. 본능적 욕구는 한가지 독특한 원리에 따라 작동하는데, 이 쾌락을 추구하는 모든 행위를 리비도(Libido)이다. 프로이트는 인간을 움직이는 힘은 '본능'이며, 이 본능은 무의식의 세계에 있다고 했다.

자아(ego)는 '현실의 원리'를 추구하여 냉철한 이성과 분별이 가능한 조절기능이며, 초자아(super ego)는 본능을 억제하고 조절하는 '도덕과 양심의 원리'를 추구한다.

심리역동 이론은 운동선수들이 겪는 내적 갈등과 이를 해결하기 위한 방어기제들이 어떻게 경기력에 영향을 미치는지를 이해하는 데 유용하며, 심리역동적 접근은 선수들이 자신의 무의식적인 갈등을 인식하고, 그것을 해결하기 위한 방법을 모색하게 돕는 멘탈 훈련 기법을 제공한다. 이는 자아 강화를 통해 경기 중 자신감을 회복하게 돕는다.

이 이론은 인간의 행동을 심층적으로 분석하는 데 도움을 주지만, 모든 심리적 문제나 행동을 이 이론만으로 설명하는 것은 한계가 있을 수 있다.

2) 특성 이론

특성 이론은 성격을 고정적이고 지속적인 특성들의 집합으로 정의한다. 이 이론에 따르면, 개인의 행동은 특정한 성격 특성에 의해 일관되게 나타나며, 성격 특성은 시간이 지나도 크게 변하지 않는다고 본다. 성격은 특정한 '특성(traits)'으로 구성되어 있으며, 이 특성들이 개인의 사고, 감정, 행동에 영향을 미친다고 설명한다.

특성이론은 기본적으로 성격을 지속적이고 일관된 특성으로 설명하는 이론으로, 아이젠크의 3차원 이론 역시 성격을 다양한 특성(차원)으로 설명하려는 접근을 채택하고 있다. 아이젠크는 외향성 대 내향성, 신경성, 심리적 지배성을 세 가지 주요 차원으로 구분하고, 각 개인의 성격을 이 세 가지 차원에서 어느 정도의 특성을 나타내는지에 따라 알 수 있다고 본다.

이러한 차원들은 성격 특성으로 나타나며, 각 개인의 행동을 예측하는 데 중요한 역할을 한다. 아이젠크는 성격을 두 가지 중요한 특징인 유전적 요인과 생리적 요인으로 설명했으며, 이들 특성은 개인의 생리적 기질에 의해 영향을 받는다고 주장했다.

3) 욕구위계 이론

매슬로우(A. Maslow)의 욕구위계 이론은 운동선수들의 동기와 행동을 이해하는 데 중요한 이론이다. 매슬로우는 인간의 욕구가 계층적으로 조직되어 있으며, 각 단계는 이전 단계의 욕구가 충족된 후에야 더 높은 수준의 욕구가 추구된다고 주장했다. 이 이론은 스포츠 심리학에서도 운동선수들의 동기 부여, 경기 성과, 훈련, 심리적 웰빙 등을 이해하는 데 적용된다.

매슬로우는 인간의 기본적인 욕구를 5단계로 설명했다. 이 욕구는 하위에서 상위로 진행되는 계층 구조를 가지며, 하위 욕구가 충족되면 상위 욕구를 추구하게 된다고 했다.

(1) 생리적 욕구

생리적인 기본 욕구로, 음식, 물, 수면 등과 관련된 욕구이다. 스포츠 환경에서는 운동선수가 체력 유지, 적절한 영양 섭취, 충분한 휴식 등을 통해 이 욕구를 충족시켜야 한다.

(2) 안전 욕구

신체적·정신적 안정과 안전한 환경에 대한 욕구로 운동선수는 부상을 방지하고, 안전하게 훈련할 수 있는 환경이 필요하다. 또한, 심리적 안정성이 중요하며, 경기 중 스트레스나 불안을 관리할 수 있는 방법을 찾는 것이 포함된다.

(3) 소속·애정의 욕구

사람들과의 관계, 사회적 소속감과 애정을 추구하는 욕구로 스포츠에서 이는 팀워크, 동료와의 관계, 코치와의 유대 등으로 나타난다. 운동선수는 사회적 관계에서 긍정적인 피드백을 얻고, 팀의 일원으로서 소속감을 느끼는 것이 중요하다.

(4) 자존감 욕구

자신에 대한 존중과 자신감, 타인으로부터 인정받고 존경받는 욕구로, 운동선수는 기술적인 성취, 경쟁에서의 승리 등을 통해 자존감을 얻고, 자신의 능력을 인정받고 싶어한다. 또한, 자신이 속한 팀이나 국가, 사회에서 중요한 역할을 하고자 하는 욕구가 포함된다.

(5) 자기실현 욕구

개인의 잠재력을 최대화하고, 자기 성장을 추구하는 욕구로 이 단계는 자아실현을 통해 자신의 능력과 목표를 달성하려는 욕구로, 운동선수는 최고의 성과를 이루기 위한 목표를 설정하고 이를 달성하려는 지속적인 노력과 동기를 갖게 된다. 자기실현은 스포츠에서의 기술적 성취, 기록 갱신, 그리고 개인적인 발전 등을 포함할 수 있다.

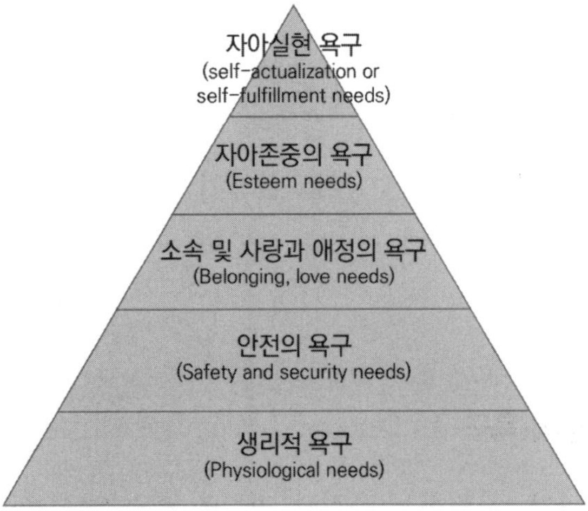

그림 3-3 매슬로우의 욕구 5단계 이론

Maslow의 욕구 위계 이론은 운동선수들의 동기를 이해하고, 그들의 심리적 요구에 맞춘 훈련과 지원을 제공하는 데 중요하다. 예를 들어, 운동선수들이 성과를 내지 못하거나 부상을 당했을 때, 기본적인 생리적 욕구나 안전 욕구가 충족되지 않으면 더 높은 수준의 동기를 부여하는 것이 어려워질 수 있다. 따라서 심리적, 신체적 안정을 우선시하고, 그 이후에 자기실현을 위한 동기 부여가 가능해진다.

4) 사회학습이론

사회학습이론은 반두라(A. Bandura)가 주장한 이론으로, 성격의 형성이 주로 사회적 환경과 학습을 통해 이루어진다고 주장한다. 이 이론에서는 성격을 단순히 개인의 내적 특성만으로 설명하는 것이 아니라, 사람의 행동이 주로 관찰, 모델링, 강화와 같은 사회적 과정에서 형성된다고 본다. 이는 개인이 주어진 환경에서 어떻게 행동을 학습하는지, 그리고 이 학습이 어떻게 성격으로 발전하는지에 대해 중요한 통찰을 제공한다.

사회학습이론의 핵심 개념인 모델링(Modeling)은 다른 사람들의 행동을 관찰하고 이를 모방하는 과정이다. 우리는 부모, 친구, 코치, 유명한 운동선수 등 중요한 사회적 역할 모델을 통해 특정 행동을 학습한다. 예를 들어, 젊은 선수들이 스타 선수를 보고 그의 훈련 방법이나 경기에서의 태도를 모방할 때, 이러한 학습은 그들의 성격을 형성하는 데 영향을 미친다.

스포츠에서는 선수가 경쟁 상황에서 어떻게 행동하는지, 스트레스 상황에서 어떻게 대처하는지 등을 모델링을 통해 학습하고, 이 행동들이 성격의 일부가 될 수 있다.

강화는 앞장의 운동학습에서 설명했듯이, 특정 행동이 반복될 확률을 증가시키는 과정이다. 긍정적인 결과나 보상이 따를 때, 사람은 그 행동을 반복하려고 한다. 예를 들어, 운동선수가 경기에서 좋은 성과를 내고 그에 대한 칭찬이나 보상을 받으면, 그 행동을 계속하게 되고, 이러한 강화가 반복되면 해당 행동은 성격의 일부분으로 자리잡을 수 있다.

또한, 중요한 개념인 자기효능감은 자신이 특정 과제를 성공적으로 수행할 수 있다는 믿음이다. 반두라는 이 개념을 통해 사람들이 자신감을 가지고 행동을 취할 때, 그들이 경험한 성공은 자기효능감을 강화시키고, 이는 성격의 중요한 요소가 될 수 있음을 설명했다.

예를 들어, 스포츠에서 반복적으로 성공적인 결과를 경험한 선수는 '나는 이 경기를 이길 수 있다'는 믿음을 가지게 되고, 이는 그들의 경기력뿐만 아니라 성격에도 긍정적인 영향을 미친다. 스포츠심리학에서는 선수가 성취감을 느끼고 자신감을 얻을 수 있도록 긍정적 강화를 사용하는 전략이 자주 활용된다.

스포츠에서 사회학습이론은 선수들이 어떻게 자신의 성격을 발전시키고, 경쟁과 협동을 통해 성격을 형성하는지 이해하는 데 중요한 역할을 한다. 스포츠는 대부분 사회적 환경을 기반으로 이루어지므로, 선수들은 코치, 팀 동료, 경쟁자 등과의 상호작용을 통해 많은 학습을 하게 된다.

5) 체형이론

체형이론은 사람들이 타고난 신체적 특징이 그들의 성격과 행동에 영향을 미친다고 주장하는 이론이다. 이 이론은 셸던(W. H. Sheldon)에 의해 개발되었으며, 신체의 체형을 세 가지 주요 유형으로 구분하고 각 체형이 어떤 성격 특성과 관련이 있는지 설명한다.

셸던은 인간의 체형과 성격 사이에 일정한 관계가 있다는 가설을 세우고, 이를 바탕으로 세 가지 기본 체형을 정의했다. 이 체형은 신체 구성요소에 따른 분류이며, 각 체형은 특정한 성격 특성과 관련이 있다고 주장했다.

체형의 세 가지 주요 유형은 다음과 같다.

(1) 마른 체형(에크토모르프, Ectomorph)

마르고 긴 몸, 근육량이 적고 체지방이 적은 신체 특징을 가지고 있으며, 키가 크고 얇은 체형이다. 마른 체형은 대체로 내성적이고, 예민하고, 자아가 강한 성격을 가질 가능성이 높다고 설명된다. 종종 사회적으로 불안하거나 혼자 시간을 보내는 것을 선호하는 경향이 있다.

스포츠에서 마른 체형은 주로 장거리 달리기와 같은 스포츠에서 더 뛰어난 성과를 낼 수 있으며, 기술적이고 정밀한 스포츠에서 두각을 나타내는 경우가 많다.

(2) 근육형(메소모르프, Mesomorph)

근육질이고 체격이 탄탄하며, 중간 정도의 체지방과 전체적으로 균형 잡힌 신체적 특징을 가진다. 근육형은 보통 외향적이고 활동적이며, 자신감이 넘치는 경향이 있다. 이들은 리더십을 발휘하고, 신체적으로나 정신적으로 도전을 좋아하는 성격을 가진다고 여긴다.

스포츠에서 근육형은 중량 운동, 축구, 농구, 럭비와 같이 힘과 민첩성이 요구되는 스포츠에서 두각을 나타내는 경향이 있다.

(3) 비만형(엔도모르프, Endomorph)

체지방이 많고, 둥글고 부드러운 신체 라인과 상체와 하체가 두툼하며, 전반적으로 넓은 체형을 가지는 것이 특징이다. 비만형은 보통 친근하고 온화한 성격을 가지고 있으며, 느긋하고 평화로운 성향을 가진다. 사회적이고 감정적으로 풍부한 성격을 가지며, 스트레스에 비교적 잘 적응하는 경향이 있다.

비만형은 체중을 많이 사용하는 스포츠나 역도, 체조와 같은 운동에 유리할 수 있지만, 단거리 달리기와 같은 고강도 운동에서는 상대적으로 불리할 수 있다.

표 3-1 체형이론

유형	마른체형	근육형	비만형
신체특징	마르고 길쭉한 몸, 근육량 적고 체지방 적음	근육질이고 균형 잡힌 몸, 중간 정도의 체지방	체지방 많고 둥글고 부드러운 몸, 상체와 하체가 두툼함
성격특성	내성적, 예민, 자아가 강한 경향, 사회적 불안감 있음	외향적, 활동적, 자신감 넘치고 도전적인 성격	친근하고 온화하며 느긋하고 평화로운 성격
스포츠 적용	장거리 달리기, 기술적이고 정밀한 스포츠에서 뛰어남	축구, 농구, 역도와 같은 힘과 민첩성이 필요한 스포츠에서 뛰어남	축구, 농구, 역도와 같은 힘과 민첩성이 필요한 스포츠에서 뛰어남

이 이론은 과학적으로 충분히 검증되지 않았다는 비판을 받기도 하며, 신체적 특성과 성격의 관계가 반드시 고정적인 것은 아니고, 환경적 요인이나 학습된 행동이 성격에 더 큰 영향을 미친다고 보는 견해도 많다.

6) 상호작용적 접근

상호작용적 접근은 사람들의 행동과 성격이 내적 특성(개인의 성격, 기질 등)과 외적 환경(상황적 요인, 사회적 상호작용 등) 간의 상호작용에 의해 결정된다는 이론이다. 즉, 개인의 성격 특성과 외부 환경, 즉 상황이 결합되어 행동을 결정짓는다는 이론이다.

상호작용적 접근의 가장 중요한 관점은 성격과 상황이 독립적인 요인이 아니라, 서로 상호작용을 한다는 점이다. 성격은 특정 상황에서 어떻게 발현될지를 결정짓는 중요한 요인이지만, 동시에 그 상황에 따라 성격의 표현 방식이나 행동이 달라질 수 있다. 이 접근법은 성격이 고정된 특성이 아니라 유동적이고 상황에 따라 달라질 수 있다는 점을 강조한다.

따라서, 상호작용적 접근은 성격과 상황이 어떻게 상호작용하는지에 대한 심리학적 및 행동적 이해를 제공한다. 성격은 상황에 따라 다르게 발현될 수 있으며, 이는 특히 스포츠와 같은 경쟁적이고 변동적인 환경에서 중요한 통찰을 제공한다.

3. 성격의 측정

성격을 측정하는 방법은 여러 가지가 있으며, 주로 심리학적 평가를 통해 개인의 성격 특성을 정확히 파악하려고 한다. 성격 측정 방법은 설문지법, 면접법, 관찰법, 투사법 등 다양한 방식이 있으며, 각 방법은 다르게 적용될 수 있다. 가장 일반적인 성격 측정 방법은 다음과 같다.

1) 설문지법

성격 측정 설문지는 개인의 성격 특성을 평가하기 위해 설계된 구조화된 질문지로, 응답자가 자신의 성격에 대한 생각이나 느낌을 기반으로 답하는 방식이다. 이러한 설문지는 주로 자기보고(self-report) 형식으로 진행되며, 응답자의 주관적인 의견에 기반한 평가를 통해 성격을 측정한다. 심리학적 연구 및 실무에서 가장 많이 사용되는 도구는 다음과 같다.

(1) MBTI(Myers-Briggs Type Indicator)

칼 융(Carl Jung)의 심리유형 이론을 기반으로, 마이어스(Myers)와 브릭스(Briggs) 모녀가 개발한 성격 유형 검사이다. 이 검사는 개인의 성격을 외향(E)-내향(I), 감각(S)-직관(N), 사고(T)-감정(F), 판단(J)-인식(P)의 4가지 지표,

총 16가지 성격 유형을 분류하며 개인의 성격 및 사고방식과 행동 패턴을 분석한다.

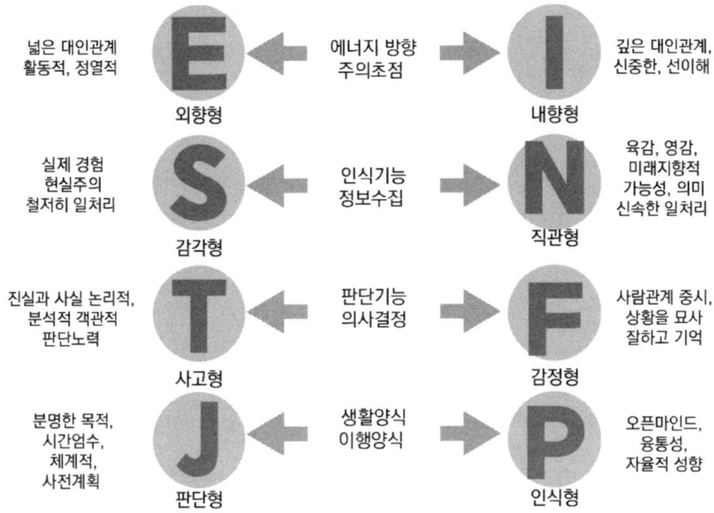

그림 3-4 MBTI 성격검사

(2) MMPI(Minnesota Multiphasic Personality Inventory, 미네소타 다면적 인성검사)

1943년 미국 미네소타 대학의 S. Hathaway와 J. C. McKinley가 개발한 MMPI(미네소타 다면적 인성검사)는 성격 및 정신병리 평가를 위한 심리검사로, 임상심리학과 정신건강 분야에서 널리 사용된다.

(3) EPQ(Eysenck Personality Questionnaire)

EPQ(아이젠크 성격검사)는 영국의 심리학자 아이젠크가 개발한 성격검사로, 성격을 외향성, 신경성, 정신병적 경향의 3가지 주요 요인으로 평가하는 검사이다.

MMPI나 MBTI보다 간단하면서도, 개인의 기질적 특성을 명확하게 분석할 수 있어 심리학 및 임상 분야에서 널리 활용된다.

(4) 성격 5요인 검사(Big Five Personality Test, Big 5)

성격 5요인 검사는 미국의 성격심리학자 골드버그 교수가 만들었는데, 그는 인간에게 다섯 가지의 공통된 성격 요인이 있다고 보고 이를 Big 5라 불렀다.

5가지 핵심 요인은 개방성(Openness), 성실성(Conscientiousness), 외향성(Extraversion), 친화성(Agreeableness), 신경성(Neuroticism)으로, 알파벳 첫 자를 따서 OCEAN 모델이라고도 한다. 이와 같은 이론의 Neo 성격검사가 있다.

2) 면접법

성격을 평가하는 또 다른 방법은 면접이다. 면접은 전문가가 개인의 성격 특성과 관련된 질문을 던지고 그에 대한 반응을 통해 성격을 평가하는 방법이기 때문에, 심도 있는 대화를 통해 개인의 성격을 상세히 파악할 수 있으며, 상황에 맞는 질문을 통해 성격의 다양한 면모를 탐색할 수 있다.

하지만, 면접자의 개인의 성향이 개입될 수 있고, 면접 시간이 제한적이기 때문에 성격을 전체적으로 파악하기 어려울 수 있다.

3) 관찰법

성격을 평가할 때 실제 행동을 관찰하는 방법도 있다. 이 방법은 사람들이 특정 상황에서 어떻게 반응하는지, 일상생활에서의 행동 패턴을 통해 성격을 해석한다.

실제 행동을 통해 성격을 파악할 수 있어, 자기보고식 방법에서 발생할 수 있는 왜곡을 피할 수 있고, 관찰자가 다양한 상황에서 다양한 측면을 파악할 수 있다는 장점이 있다. 하지만, 관찰자의 편견이나 주관이 개입될 수 있고, 시간이 많이 걸리고, 관찰 대상을 선택하기 어려운 경우가 많으며, 일정한 조건에서만 성격을 평가할 수 있어 일반화가 어려울 수 있다.

▶ DISC 성격검사

피검자의 행동 양식을 주의 깊게 관찰하여 성격 유형을 평가하는 방법이다. DISC는 성격을 4가지 주요 차원(D, I, S, C)으로 나누어 분석하며, 각 차원의 특징을 행동 및 반응을 통해 관찰한다.

예를 들어, D형은 결단력 있고 목표 지향적인 행동을 보이며, I형은 사교적이고 사람들과의 상호작용을 즐기는 성향을 나타낸다. 이 관찰법은 주로 대인 관계, 업무 수행 스타일, 의사소통 방식 등에서 나타나는 패턴을 파악하는 데 유용하다.

4) 투사법

투사법은 개인이 주어진 자극에 대해 자유롭게 반응하는 방식을 통해, 내면의 성격을 평가하는 방법이다. 주로 심리학적 검사에서 사용되며, 개인의 무의식적 생각이나 감정을 드러내는 데 초점을 맞춘다.

(1) 로르샤흐 검사(Rorschach Inkblot Test)

1912년 스위스의 정신과 의사인 헨리 로르샤흐(H. Rorschach)에 의해 개발된 로르샤흐 검사는 심리학적 성격 검사로, 개인의 성격을 이해하거나 심리적 상태를 평가하기 위해 사용되는 투사적 검사이다.

투사적 기법은 피검자가 자신을 무의식적으로 드러내는 방식으로 반응하는 특성을 이용하는 방법이다. 검사자는 잉크 얼룩이 보이는 이미지에 대해 피검자가 무엇을 보았는지, 어떻게 해석했는지를 묻고, 피검자가 자신의 감정, 생각, 감각을 무의식적으로 투영하게끔 유도하는 방식이다.

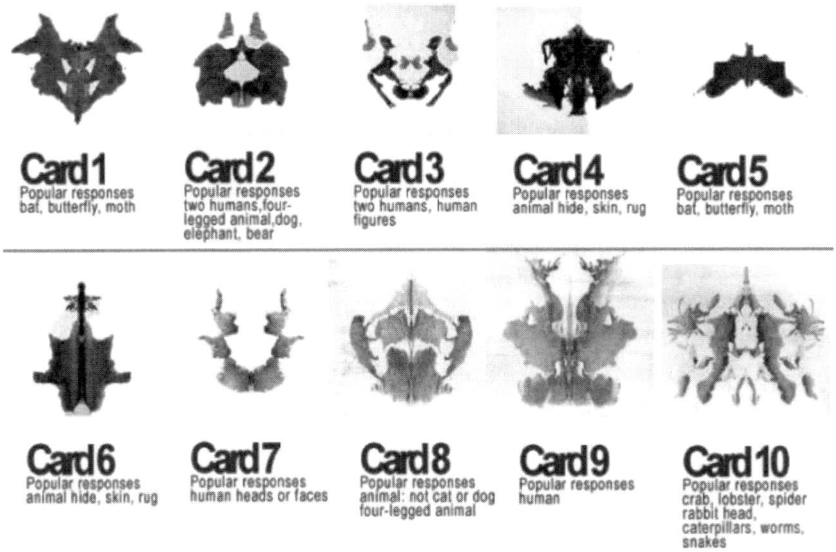

그림 3-5 로르샤흐 잉크반점 카드

* 출처 : ㈜ 테스피아 홈페이지

(2) 주제통각 검사(Thematic Apperception Test, TAT)

헨리 모리스(H. Murray)와 크리스티안 다빌리안(C. Davison)이 1935년에 개발한 주제통각 검사는 개인의 무의식적 생각, 감정, 갈등을 분석하기 위해 사용된다.

피검자가 모호한 그림을 보고 그 그림에 대해 이야기를 만드는 방식으로 진행되는데, 이때 피검자는 자신의 내적 경험과 무의식적 욕구, 감정을 이야기 속에 투영하게 된다. 그림은 대개 사람들이 등장하는 장면이나 추상적인 상황을 나타내며, 피검자가 이를 보고 해석하는 방식에 따라 심리적 특성을 파악할 수 있다.

(3) 문장완성검사(Sentence Completion Test, SCT)

문장완성검사는 피검자가 불완전한 문장을 읽고 그것을 어떻게 완성하는지를 통해 무의식적인 감정, 갈등, 심리적 특성을 파악하는 방법이다.

문장을 완성하는 과정에서 피검자는 자신의 감정이나 사고를 투사하게 되며, 이로 인해 피검자의 성격, 욕구, 가치관 등을 알아낼 수 있다.

예를 들면, "나는 항상 ______.", "가장 중요한 것은 ______.", "사람들은 나를 ______라고 생각한다." 와 같은 문장들이 있다.

4. 운동수행과 성격

성격을 측정하는 방법은 여러 가지가 있으며, 주로 심리학적 평가를 통해 개인의 성격 특성을 정확히 파악하려고 한다.

1) 운동선수와 비운동선수의 차이

Eysenck(1985)는 그의 연구에서 운동선수는 높은 성취 동기와 외향성을 보이고, 비운동선수들은 내향적인 성격을 가진 경우가 많으며, 이러한 차이는 운동을 통한 사회적 상호작용이 성격에 영향을 미친다는 이론과 관련이 있다고 하였다.

Bandura(1997)는 운동선수들은 종종 높은 자기 효능감과 자신감을 보이며, 이는 운동을 통해 성취감을 얻고, 그로 인해 자신감이 상승하는 경향이 있다. 비운동선수들은 때때로 이러한 특성이 덜 발달한 경우가 많다고 했다. Martens(1975) 역시 운동선수들이 일반적으로 높은 성취 동기와 경쟁적 성향을 지닌다고 주장하며, 이들이 운동을 통해 성격이 형성된다고 밝혔다. 그의 연구는 운동선수들의 성격 특성을 비교하는 데 중요한 기여를 했다.

Gould & Udry(1994)는 운동선수들은 종종 목표 지향적인 경향이 있으며, 이는 훈련, 경쟁, 성과 향상과 관련된 목표를 설정하고 달성하는 데 초점을 맞추는 경향을 의미하며, 비운동선수는 일반적으로 이러한 목표 설정에서 덜 강조될 수 있다고 했다. Vealey(2007)는 운동선수들은 경기 중의 압박감과 스트레스를 관리하는 데 뛰어난 능력을 보이는데, 이는 스포츠심리학 훈련을 통해 습득한 기술에 기인할 수 있지만, 비운동선수들은 일반적으로 스트레스 상황에서 다르게 반응할 수 있다고 했다.

Carron & Hausenblas(1998)는 팀 스포츠를 하는 운동선수들은 협력, 의사소통, 팀워크에 뛰어난 경향을 보이지만, 비운동선수는 이러한 특성이 덜 발달할 수 있다고 했다. Orlick(2008)는 운동선수들이 정신적 강인함을 기르고 불안을 효과적으로 관리하는 방법을 연구했으며, 운동선수와 비운동선수의 심리적 차이를 분석하여, 운동이 성격 형성에 미치는 영향을 강조했다.

이와 같이, 운동선수와 비운동선수 간의 성격 차이는 다양한 심리적 특성에서 나타난다. 운동선수들은 일반적으로 더 높은 자기 효능감, 성취 동기, 스트레스 관리 능력, 외향성, 그리고 정신적 강인함을 보이며, 이는 운동을 통한 경험에서 비롯된 특성으로 볼 수 있다. 비운동선수들은 이와 달리 성격 특성에서 차이를 보일 수 있으며, 운동을 통해 이러한 특성을 변화시킬 수 있다는 연구가 존재한다.

2) 운동 종목별 차이

운동 종목에 따른 성격 차이는 각 스포츠의 특성에 따라 다르게 나타날 수 있다. 여러 연구들은 특정 운동 종목에서 요구되는 성격 특성들이 운동선수의 성격에 영향을 미친다고 밝혔다.

테니스, 수영, 육상 등 개인 스포츠는 대부분 혼자서 경쟁하고 성과를 내야 하므로, 독립적이고 자기주도적인 성격을 가진 운동선수가 많다. 개인 스포츠는 외향성보다는 내향성이 강한 성격이 발달할 수 있고, 자기 조절 능력과 자기 동기 부여가 중요하며, 실패와 성공에 대한 책임이 전적으로 본인에게 있기 때문에 자기 효능감이 강한 선수들이 많다.

Martens(1975)와 Weinberg & Gould(2018)는 요즘 한참 각광받고 있는 격투기나 전투 스포츠는 신체적 강도뿐만 아니라 정신적인 강인함이 매우 중요한 역할을 하기 때문에 이러한 스포츠의 선수들은 높은 수준의 자기 통제력, 끈기, 경쟁심을 보여주며, 내적 동기 부여가 강하고, 어려운 상황에서 정신적 강인함을 발휘한다고 했다. 동시에 강한 성취 동기와 자존감이 중요한 특성으로 나타난다고 밝혔다.

반면, 축구·농구·배구와 같은 팀 스포츠는 협력과 팀워크가 중요한 것이 특징이다. 이런 스포츠에서는 외향적이고 사회적인 성격이 중요한 역할을 한다. 또한, 팀 스포츠는 경쟁이 있지만 동시에 팀원 간의 의사소통과 협력이 필수적이므로, 운동선수들이 더 개방적이고 사람들과 잘 어울리는 성격을 가질 가능성이 높다. 자신이 팀의 일원으로서 목표를 달성하는 데 중요한 역할을 한다는 인식이 강하게 작용한다.

Smith(1989)와 Vealey(2007)는 그의 연구에서, 요트·서핑·카약 등 수상 스포츠는 종종 자연환경에 크게 영향을 받기 때문에, 예측 불가능한 상황에 잘 대처할 수 있는 능력이 중요하다고 했다. 이러한 스포츠의 선수들은 상황에 맞게 적응하고, 독립적이며, 스트레스 상황에서도 침착하게 반응할 수 있는 능력이 요구된다고 했다.

Stewart & Bredemeier(2000)는 스키와 스노우보드와 같은 스노우 스포츠는 높은 리스크와 신체적 요구 사항이 강한 스포츠로, 스릴과 도전을 좋아하는 성격 특성을 가진 선수들이 많다고 했다. 이 스포츠들은 선수들이 빠르게 결정을 내리고, 스피드와 기술이 결합된 고도의 집중력을 요구하며, 선수들은 불확실한 환경에서 신속하게 반응하고, 도전에 맞서 싸울 수 있는 정신적 강인함을 가지고 있어야 한다고 주장했다.

결론적으로, 각 운동종목에 따라 요구되는 성격 특성이 다르며, 이는 운동선수들이 각 스포츠에서 성공적으로 성과를 내기 위해 필요한 심리적 특성들이 반영된 결과이다. 개인 스포츠에서는 자기 효능감과 자기 주도적인 성격이 중요한 반면, 팀 스포츠에서는 외향성, 협동성, 사회적 능력이 더 중요하다. 또한, 격투기나 수상 스포츠, 스노우 스포츠 등은 신체적, 정신적 강인함과 도전 정신을 필요로 하는 특징이 있다. 이러한 연구들은 특정 운동이 성격 형성에 미치는 영향을 잘 보여준다.

3) 포지션별 차이

운동선수의 포지션별 성격 차이에 대한 연구는 주로 팀 스포츠에서 다뤄지며, 각 포지션의 요구되는 역할에 따라 선수들의 성격이 다를 수 있다는 주장한다. 예를 들어, 축구나 농구 같은 팀 스포츠에서는 포지션마다 요구되는 성격적 특성이 달라질 수 있다.

Christensen(2017)는 축구 선수의 포지션에 따른 성격 차이를 연구한 결과, 골키퍼는 자기통제력과 스트레스 관리 능력이 뛰어난 성격을 가지며, 이들은 팀의 마지막 방어선으로, 높은 집중력과 차분함이 필요하다고 했다. 공격수는 대체로 자신감과 리스크를 감수하는 성향이 두드러지며, 경쟁적인 성향과 도전 정신이 강하고, 미드필더는 협력적이고 분석적인 성격을 가진 경우가 많고, 이들은 경기의 흐름을 분석하고, 팀을 이끄는 역할을 하기 때문에 조정자 역할을 잘 수행할 수 있는 성격을 가질 가능성이 크다고 했다.

McGrath(2008)는 농구에서의 포지션별 성격 차이를 연구했는데, 그는 포인트 가드는 리더십과 소통 능력이 뛰어난 성격을 가진 경우가 많아 이들은 팀의 전략을 지휘하고, 경기를 조율하는 역할을 하므로, 적극적이고 협력적인 성격이 요구되며, 센터는 신체적으로 강하고 공격적인 성향을 가진 선수들이 많으며, 팀의 수비 및 리바운드를 담당하는 중요한 역할을 맡고 있다고 했다.

스포츠 현장에서도 축구나 농구와 같은 스포츠에서 실제로 선수들의 성격을 보면, 공격수나 포인트 가드는 더 자신감 넘치고 외향적인 성향을 보이는 반면, 수비수나 골키퍼는 내성적이고 침착하며 분석적인 성격을 가진 경우가 많다. 예를 들어, 크리스티아노 호날두(축구 공격수)는 경기에서 자신감이 넘치는 모습을 보이며, 카를로스 푸요르(축구 수비수)는 상대의 공격을 막는 역할에 주력하며 조용히 팀의 안정을 지키는 성격이 특징이다.

결론적으로, 실제 운동선수들은 포지션에 따라 성격 차이를 보인다. 각 포지션에서 요구되는 역할과 심리적 압박, 상호작용의 정도에 따라 성격이 자연스럽게 형성된다. 연구와 실제 사례에서 볼 수 있듯이 공격수, 수비수, 미드필더, 골키퍼 등은 각기 다른 성격적 특성을 요구하며, 그에 따라 선수들의 성격도 달라지는 경향이 있다.

4) 선수의 기술수준에 따른 차이

세계적인 수준의 선수와 국가대표급 선수, 그리고 일반 선수의 성격 차이에 대한 연구는 각 선수들이 경험하는 심리적 요인과 성격적 특성이 다를 수 있다고 한다.

Gould & Udry(1994)는 기술수준과 성격의 상관 관계 연구에서, 세계 수준의 선수들은 자기 효능감과 목표 지향성이 매우 높게 나타나며, 그들은 뛰어난 자기 통제력과 심리적 강인함을 보이고, 경쟁적인 환경에서도 지속적으로 높은 수준의 성과를 유지할 수 있는 능력을 가지고 있다고 했다. 또한 스트레스 관리가 뛰어나고, 경기 전후의 심리적 준비가 잘 되어 있다고 했다.

Weinberg & Gould(2019)는 국가대표급 선수들은 세계 수준의 선수와 비교했을 때, 여전히 뛰어난 경쟁심과 목표 지향적 태도를 보이지만, 성과의 일관성 면에서 차이를 보일 수 있으며, 이 선수들은 높은 자아 존중감과 성취욕이 강하며, 큰 대회에서 불안이나 스트레스를 관리하는 능력이 중요하며, 대체로 리더십과 팀워크에서도 강한 모습을 보인다고 했다.

Hardy & Gould(1996)는 일반선수 즉, 초보선수들은 자기 효능감이 상대적으로 낮고, 불안이나 자기 의심을 경험하는 경우가 많으며, 경기에서 성적 향상에 강한 동기를 가지지만, 스트레스나 실패에 대한 두려움으로 인해 심리적 어려움을 겪을 수 있고, 목표 설정 능력이나 자기 조절 능력에서 차이를 보일 수 있다고 했다.

결론적으로, 이 연구들은 각 수준의 선수들이 가지는 심리적 특성이나 성격이 어떻게 달라지는지를 다루고 있으며, 기술 수준이 높은 선수일수록 더 강한 심리적 강인함과 자기 효능감을 가지는 경향이 있음을 나타낸다.

표 3-2 기술수준에 따른 특징

수준	특징
세계 수준의 선수	- 높은 자기 효능감, 목표 지향적 태도 - 심리적 강인함, 자기 조절 능력 - 강한 경쟁심, 불안 및 스트레스 관리
국가대표급 선수	- 높은 목표 설정 능력, - 자기 존중감 - 경쟁적 성향, 팀워크 및 리더십 - 스트레스 및 압박 대처 능력 - 경쟁적인 환경에 적응 능력
대학 및 고교 선수	- 목표 지향성, 자기 효능감, 성취욕 - 불안 및 스트레스 관리, 심리적 성장과 자아 확립
초보 및 일반 선수	- 자기 효능감 부족, 불안과 자기 의심 - 경기 후 스트레스와 회복, 목표 설정의 어려움 - 성장 과정 중 심리적 불안정

5) 우수선수와 비우수선수의 비교

우수선수와 비우수선수의 심리적 상태를 비교할 때 사용되는 빙산형 프로파일은 Morgan(1980)이 개발한 Profile of Mood States(POMS) 검사 결과를 바탕으로 제시되었다. 즉, 빙산형 프로파일은 스포츠 심리학에서 우수선수와 비우수선수의 심리적 특성을 시각적으로 나타내는 모델이다.

Morgan(1980)은 POMS 검사를 활용하여 선수들의 심리적 상태를 6가지 정서 요인으로 측정하였는데, 그 6가지 정서요인은 다음과 같다.

- 긴장(Tension-Anxiety) : 불안감과 초조함
- 우울(Depression-Dejection) : 슬픔, 절망감
- 분노(Anger-Hostility) : 적대감, 공격적인 감정
- 활력(Vigor-Activity) : 에너지 수준, 긍정적 기분
- 피로(Fatigue-Inertia) : 신체적, 정신적 피로감
- 혼란(Confusion-Bewilderment) : 혼란, 방향감 상실

그 결과, 우수선수의 프로파일은 활력 점수가 높게 나타났으며, 긴장, 우울, 분노, 피로, 혼란 점수는 낮은 것으로 나타나, 결과적으로 그래프가 빙산 형태(Iceberg Shape)를 이루었지만, 비우수선수의 프로파일 모든 정서요인의 점수가 비슷하거나, 부정적 정서가 더 높게 나타났으며, 빙산 모양을 형성하지 못하며, 전체적으로 평평한 형태를 보였다.

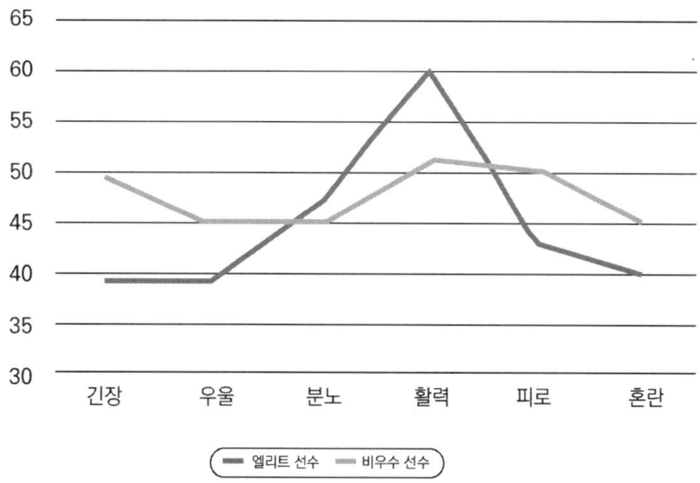

그림 3-6 우수선수와 비우수선수의 프로파일

Chapter

4

동 기

1. 동기의 개념

1) 동기의 정의

거의 비슷한 운동 환경을 가진 두 선수가 있다. 한 선수는 열심히 운동하는 반면 다른 선수는 운동을 게을리 하고 결국 중도에 운동을 포기했는데, 이 차이는 어디에서 발생하는 것일까? 우리는 이러한 행동의 개인차를 동기에서 원인을 찾는다.

동기(Motivation)는 행동을 유발하고 방향을 설정하며 지속성을 유지하는 내적 과정을 의미한다(Deci & Ryan, 1985). 이는 인간의 행동을 설명하는 가장 기본적인 심리적 개념 중 하나로, 특정한 목표를 향해 행동하도록 하는 원동력이 된다(Elliot & Dweck, 2005). 동기는 스포츠 수행에서 선수의 경기력, 지속적인 훈련, 심리적 회복 탄력성 등에 큰 영향을 미친다.

학자들의 동기에 대한 다양한 정의는 다음과 같이 정리할 수 있다.

표 4-1 동기의 정의

관점	학자	특징
기본적 정의	Pintrich & Schunk (2002)	동기는 특정한 행동을 유발하고 지속시키며 방향을 결정하는 내부적 과정이다
	Ryan & Deci (2000)	인간의 동기는 내적 또는 외적 자극에 의해 활성화되며, 목표를 달성하기 위한 행동의 강도와 지속성을 조절한다
인지적	Weiner(1992)	동기는 목표 지향적 행동을 유발하는 개인의 신념, 기대, 목표에 의해 형성된다
	Bandura(1997)	목표 설정과 자기 효능감이 동기의 핵심 요소로 작용한다
행동주의적	Skinner(1953)	동기는 보상과 처벌의 결과로 학습되며, 강화에 의해 조절된다
	Deci et al. (1999)	인간의 행동은 외적 보상에 의해 동기화될 수 있으며, 강화 요소가 제거되면 행동이 약화될 가능성이 있다
인본주의적	Maslow(1943)	동기는 인간의 성장과 자기실현을 위한 기본적인 요소이다

	Deci & Ryan (1985)	자율성과 내재적 동기는 개인의 성장과 삶의 질을 높이는 데 중요한 역할을 한다
신경과학적	Berridge & Robinson (1998)	동기는 신경전달물질(예: 도파민, 세로토닌 등)과 보상 시스템에 의해 조절되는 신경 생리학적 과정이다
	Schultz(2015)	감정과 동기는 변연계(Limbic System)의 기능과 밀접한 관련이 있으며, 외부 자극에 대한 뇌의 반응으로 설명될 수 있다

심리학에서는 동기를 욕구(Needs), 충동(Drives), 목표(Goals) 등의 개념과 연관하여 설명한다. 예를 들어, 운동선수가 더 높은 기록을 세우거나 경기에서 승리하려는 욕구를 가지고 있다면, 그것이 훈련과 실전에서 지속적인 노력을 하게 만드는 동기가 되고, 올림픽에서 금메달을 획득하고자 하는 목표를 설정했다면, 그 목표를 달성하기 위해 지속적인 훈련과 연습을 수행하는 것이 동기의 역할이다.

동기는 개인의 내적 상태와 외부 환경의 상호작용을 통해 형성되며, 이는 크게 생리적 요인, 심리적 요인, 사회적 요인으로 구분할 수 있다(Ryan & Deci, 2000).

(1) 생리적 요인

생리적 요인은 신체의 기본적인 욕구와 관련된 동기를 의미한다. 예를 들어, 배고픔이나 갈증과 같은 생리적 필요는 음식 섭취나 수분 보충을 위한 행동을 유발하며, 신경전달물질(도파민, 세로토닌 등)과 호르몬(코르티솔, 아드레날린 등)의 작용 역시 동기의 형성에 중요한 역할을 한다(Ryan & Deci, 2000).

예를들어, 경기 중 탈수 상태에서는 수분 섭취를 위해 물을 마시는 행동이 동기로 작용한다.

(2) 심리적 요인

심리적 요인은 개인의 감정, 신념, 기대, 목표와 같은 내적인 요소가 동기에 미치는 영향을 설명한다. 자율성, 유능감, 관계성을 강조하는 자기결정이론에 따르면, 사람들이 내적으로 동기화되려면 이러한 심리적 욕구가 충족되어야 한다. 또한, 목표 설정, 자기 효능감, 귀인이론 등도 동기 형성에 영향을 미치는 중요한 심리적 요인이다(Ryan & Deci, 2000).

(3) 사회적 요인

사회적 요인은 가족, 친구, 문화, 사회적 기대 등 외부 환경이 동기에 미치는 영향을 포함한다. 예를 들어, 부모나 교사의 격려는 학생의 학습 동기를 높이는 데 기여할 수 있으며, 경쟁적 환경이나 협력적 분위기 역시 개인의 동기 수준에 영향을 준다. 또한, 사회적 인정과 소속감에 대한 욕구 역시 개인이 특정 목표를 향해 노력하는 동기가 될 수 있다(Baumeister & Leary, 1995).

즉, 동기는 단순히 개인의 내부 상태에 의해 결정되는 것이 아니라, 생리적 요인, 심리적 요인, 사회적 요인이 복합적으로 작용하면서 형성되는 과정이라 할 수 있다.

2) 동기의 주요 기능

동기의 기능은 여러 학자들에 의해 연구되어 왔으며, 크게 행동 유발, 방향 설정, 지속성 유지, 효율적 수행의 네 가지 기능으로 구분할 수 있다(Ryan & Deci, 2000).

(1) 행동 유발(행동의 시작)

동기의 가장 기본적인 기능은 특정한 행동을 시작하도록 유발하는 것이다. 인간은 내적 또는 외적 요인에 의해 동기화되며, 이에 따라 행동을 시작한다. 예를 들어, 배고픔(생리적 동기)은 음식을 찾는 행동을 유발하며, 성취 욕구(심리적 동기)는 목표를 설정하고 도전하려는 행동을 촉진한다(Deci & Ryan, 1985).

행동주의 이론에 따르면, 강화나 처벌과 같은 외적 자극이 행동을 유발할 수 있다. 반면, 자기결정이론은 인간이 내재적 동기에 의해 자발적으로 행동한다고 설명한다(Ryan & Deci, 2000).

(2) 방향 설정(행동의 방향)

동기는 단순히 행동을 유발하는 것에서 그치지 않고, 특정한 목표를 향해 행동의 방향을 결정하는 기능을 한다. 이는 목표 지향적 행동의 핵심 요소로 작용한다.

목표 설정 이론에 따르면, 사람들이 구체적이고 도전적인 목표를 설정하면 동기 수준이 증가하고 목표 달성을 위한 행동이 강화된다(Locke & Latham, 1990). 학생이 좋은 성적을 목표로 삼으면 학습과 관련된 행동(공부, 노트 필기)이 강화된다.

(3) 지속성 유지(행동의 지속성)

동기는 목표 달성에 필요한 행동을 지속하도록 하는 역할을 한다. 단순히 행동을 시작하는 것뿐만 아니라, 어려움이 발생하더라도 이를 극복하고 행동을 유지하는 것이 중요하다.

- 자기 효능감: 자기 효능감이 높은 사람은 도전적인 목표를 설정하고, 목표를 달성하기 위해 지속적으로 노력하는 경향이 있다(Bandura, 1997).
- 내재적 동기 : 내재적으로 동기화된 사람은 보상 없이도 행동을 지속

하며, 즐거움과 만족을 느끼면서 과제를 수행한다(Deci & Ryan, 1985).

- 목표 지향성 : 성취 목표가 명확할수록 동기의 지속성이 높아진다. 특히 장기적인 목표를 설정한 사람은 어려움을 겪더라도 행동을 지속할 가능성이 크다(Pintrich & Schunk, 2002).

(4) 효율적 수행(행동의 강도)

동기는 행동의 질과 효율성을 높이는 역할을 한다. 높은 동기를 가진 사람은 집중력을 유지하고, 목표 달성을 위한 전략을 효과적으로 사용하며, 보다 효율적인 수행을 보인다(Schunk et al., 2020).

시험을 앞둔 학생이 집중적으로 공부할 때 시간 관리 전략을 활용하거나, 운동선수가 최상의 경기력을 발휘하기 위해 심리적 조절 기술을 사용하는 것 등이 효율적 수행 기능의 예시가 될 수 있다.

3) 동기를 이해하는 관점

스포츠 동기의 형성과 지속성을 이해하기 위해 특성지향적인 관점, 상황지향적인 관점, 상호작용적인 관점을 주요 이론적 틀로 활용한다(Roberts et al., 2018).

(1) 특성지향적인 관점

특성지향적인 관점에서는 동기가 개인의 내적 특성에서 비롯된다고 본다. 즉, 사람마다 타고난 성향이 다르며, 이러한 성격적 특성이 특정한 행동을 하는 동기로 작용한다고 설명한다(Deci & Ryan, 1985).

동기는 개인의 성격, 욕구, 목표, 가치관 등에서 기인하고, 일부 사람들은 선천적으로 경쟁적이고 성취 지향적인 반면, 다른 사람들은 내재적 동기가 낮거나 외적 보상에 의존할 가능성이 높다(McClelland, 1961). 환경이 변하더라도 개인의 동기 수준은 비교적 일정하게 유지된다고 가정한다.

하지만, 이 관점은 동기를 개인의 특성으로만 한정하기 때문에, 환경적 요인의 영향을 충분히 설명하지 못하는 한계가 있다.

(2) 상황지향적인 관점

상황지향적인 관점에서는 동기가 외부 환경과 상황적 요인에 의해 결정된다고 본다. 즉, 특정한 상황이나 환경이 제공하는 보상과 자극이 동기를 유발한다고 설명한다(Skinner, 1953).

동기는 개인의 특성이 아니라, 환경적 요인에 의해 변화할 수 있으며, 동기 수준은 특정 상황에서 제공되는 보상, 처벌, 피드백, 사회적 인정, 문화적 요인에 의해 조절된다(Deci & Ryan, 2000). 또한, 동일한 사람이라도 상황이 달라지면 동기 수준이 변할 수 있다.

그러나, 이 관점은 개인의 내재적 동기와 성향을 충분히 설명하지 못하는 한계가 있다.

(3) 상호작용적인 관점

상호작용적인 관점에서는 동기가 개인의 내적 특성과 외부 환경의 상호작용에 의해 형성된다고 설명한다(Roberts et al., 2018). 즉, 동기는 개인의 성향과 환경적 요인이 결합하여 발생하는 복합적인 과정으로 보는 것이다.

개인의 특성과 환경이 결합하여 동기를 형성하고, 동일한 환경에서도 개인의 특성에 따라 동기 수준이 다르게 나타날 수 있으며, 동기는 변화 가능하며, 학습과 경험을 통해 조절될 수 있다.

이 관점은 개인의 성향과 환경 요인을 모두 고려하므로, 보다 유연하고 현실적인 동기 이론으로 평가된다.

결론적으로, 동기를 이해하는 세 가지 관점은 각각의 장점과 한계를 가지고 있으며, 특정한 상황에 따라 적절히 적용될 수 있다.

특성지향적인 관점은 개인의 성향과 욕구에 초점을 맞추며, 타고난 동기적 특성을 강조하고 있으며, 상황지향적인 관점은 환경적 요인과 보상의 영향을 중시하며, 동기가 외부적 요인에 의해 조절될 수 있음을 설명하고, 상호작용적인 관점은 개인의 특성과 환경적 요인이 결합하여 동기가 형성된다고 보며, 보다 종합적인 접근 방식을 제공한다.

4) 스포츠에서 동기의 중요성

스포츠 심리학에서 동기는 선수의 경기력과 직접적인 관련이 있다(Vallerand & Losier, 1999). 높은 동기를 가진 선수는 지속적인 연습과 반복적인 시도를 통해 기술을 향상시키며, 실패를 겪더라도 쉽게 포기하지 않는다.

(1) 경기력 향상

동기 수준이 높은 선수는 집중력이 높고, 목표를 달성하기 위해 더 많은 노력을 기울인다. 자기 효능감이 높은 선수는 긍정적인 자기 대화를 통해 동기를 유지한다(Bandura, 1997).

(2) 심리적 안정 및 스트레스 관리

내재적 동기가 높은 선수는 스포츠 활동을 즐기며 스트레스를 긍정적으로 관리할 수 있다. 외재적 동기가 강한 선수는 보상(상금, 트로피)에 의해 동기화되지만, 외부 보상이 사라질 경우 동기가 감소할 위험이 있다(Deci & Ryan, 2000).

(3) 지속적인 스포츠 참여

동기가 부족한 선수는 운동을 중도에 포기할 가능성이 높다. 반면, 장기적인 목표를 설정하고 지속적으로 동기 부여를 받는 선수는 오랜 기간 동안 높은 수준의 퍼포먼스를 유지할 수 있다.

2. 동기 이론

1) 내재적동기, 외재적동기

동기이론에서 내재적 동기와 외재적 동기는 개인이 행동을 하는 이유를 설명하는 중요한 개념이다. 이 두 가지 동기는 심리학의 다양한 분야에서 연구되어 왔으며, 특히 학습과 수행에 미치는 영향을 분석하는 데 중요한 역할을 한다.

(1) 내재적 동기

내재적 동기는 외부적인 보상 없이도 개인이 스스로 흥미와 즐거움을 느끼며 행동하는 동기이다. 즉, 어떤 활동을 수행하는 것 자체가 즐겁거나 만족감을 주기 때문에 행동하는 경우를 의미한다.

특징으로는 활동 그 자체에서 기쁨과 만족감을 느끼고, 도전적이고 흥미로운 과제를 수행할 때 동기가 강해지며, 창의성과 자율성을 증진하고, 장기적인 동기 유지에 긍정적인 영향을 준다.

예를 들어, 아이가 퍼즐을 맞추는 것이 재미있어서 계속하는 경우나 운동선수가 단순히 스포츠를 즐기기 위해 훈련하는 경우가 여기에 해당된다.

(2) 외재적 동기

외재적 동기는 어떤 보상이나 처벌과 같은 외부적인 요소로 인해 행동하는 동기이다. 즉, 개인이 활동 자체보다 그로 인해 얻을 수 있는 결과(보상, 인정을 받는 것 등)에 초점을 맞출 때 발생한다.

보상(돈, 상장, 칭찬 등)이나 처벌(벌금, 불이익 등)이 동기의 원천이 되고, 목표 달성을 위해 특정 행동을 수행하는 경향이 있으며, 보상이 사라지면 동기가 감소할 가능성이 있다.

예를 들어, 학생이 부모님께 칭찬을 받기 위해 공부를 하는 경우나 운동선수가 상금이나 트로피를 받기 위해 대회에 참가하는 경우, 직원이 급여 인상을 위해 열심히 일하는 경우가 여기에 해당된다.

표 4-2 내재적 동기와 외재적 동기의 차이

내재적 동기	외재적 동기
욕구, 흥미, 즐거움 같은 심리적 요인에 의하여 영향을 받는 동기	보상, 사회적 압력, 벌과 같은 환경적 요인에 의하여 영향을 받는 동기
운동을 하거나 활동하는 그 자체가 보상이 되는 동기화	외부의 보상을 얻으려는 것과 관련된 동기화

2) 자기결정이론

운동선수와 유아체육 현장에서 중요한 요소 중 하나는 어떻게 동기를 유발하고 유지할 것인가이다. Deci와 Ryan(1985, 2000) 제안한 자기결정이론(Self-Determination Theory, SDT)은 인간이 동기를 형성하는 과정을 설명하는 중요한 이론이다.

자기결정이론(SDT)은 자율성(Autonomy), 유능감(Competence), 관계성(Relatedness)이라는 세 가지 기본 심리적 욕구를 중심으로 동기 형성 과정을 설명하며, 이 이론에 따르면 인간은 내재적으로 동기 부여될 때 가장 효과적으로 학습하고 성장할 수 있으며, 이를 위해 자율적 환경을 조성하는 것이 중요하다고 했다.

(1) 자율성(Autonomy)

개인이 자신의 행동을 스스로 선택하고 조절할 때 동기가 높아지기 때문에, 강압적인 환경(이렇게 해야 해!)보다는 선택권을 주는 것이 중요하다.

예를 들어, 선수가 훈련 방법을 선택할 기회를 가질 때 동기가 향상되고, 유아체육에서 아이들이 자유롭게 놀이 활동을 선택할 때 더욱 즐겁게 참여할 수 있다.

(2) 유능감(Competence)

자신의 능력을 발휘하고, 성장하고 있다고 느낄 때 동기가 증가함으로. 적절한 난이도의 과제를 제공하고, 긍정적 피드백을 주는 것이 중요하다.

예를 들어, 기술이 향상되는 경험을 통해 성취감을 느끼게 하고, 유아체육에서 "너 정말 잘하고 있어!"와 같은 칭찬이 효과적이다.

(3) 관계성(Relatedness)

타인과 긍정적인 관계를 형성할 때 동기가 증가하기 때문에 스포츠 팀, 친구, 코치와의 관계가 운동 지속 여부에 큰 영향을 미친다. 팀워크를 강조하는 훈련이 동기를 높이고, 유아체육에서 또래 친구와 함께 활동할 때 더 즐겁게 참여하게 된다.

이 세 가지 욕구가 충족될 때, 개인의 내재적 동기가 극대화되며, 반대로 이 욕구가 충족되지 않으면 동기가 저하될 가능성이 높다.

3) 성취동기이론

McClelland(1961)와 Atkinson(1974) 등이 연구한 성취동기이론은 인간이 성취를 위해 노력하는 심리적 과정과 행동 패턴을 설명하는 이론이다. 즉, 개인이 목표를 설정하고 이를 달성하기 위해 노력하는 과정에서 경험하는 도전, 실패, 성공에 대한 심리적 반응을 설명하는 이론이다.

이 이론에서는 인간이 성공을 추구하려는 욕구(성취욕구)와 실패를 피하려는 욕구(실패 회피) 사이에서 동기가 형성된다고 설명한다(Atkinson, 1974). 즉, 어떤 사람이 성취 동기가 강한지, 실패 회피 성향이 높은지에 따라 행동이 달라질 수 있다는 것이다.

(1) 성취동기의 주요 구성 요소

① 성취 욕구

도전과 성취를 원하고, 목표를 이루기 위해 적극적으로 행동하는 성향으로 높은 성취 욕구를 가진 사람은 어려운 목표를 설정하고, 도전을 즐기며, 실패해도 쉽게 포기하지 않는다. 예를 들어, "더 좋은 기록을 세우고 싶어!", "새로운 기술을 익히고 싶어!" 하는 경우이다.

② 실패 회피

실패를 두려워하여 도전을 회피하려는 경향으로 높은 실패 회피 성향을 가진 사람은 실패할 가능성이 있으면 아예 시도하지 않거나, 너무 쉬운 목표를 설정한다. 예를 들어, "나는 실수하면 안 돼.", "남들이 나를 무능하다고 생각하면 어쩌지?"라고 생각하는 경우이다.

(2) 성취동기의 결정 요인

① 목표의 난이도

목표가 너무 쉬우면 도전 의욕이 낮아지고, 너무 어려우면 실패에 대한 두려움이 증가할 수 있기 때문에, 적절한 난이도의 목표를 설정하는 것이 중요하다.

② 성공 기대감

개인이 성공할 가능성이 높다고 믿을수록 동기가 상승하지만, 실패할 것이라는 생각이 강하면 도전하려는 의지가 약해진다. 예를 들어, "내가 연습하면 충분히 할 수 있어!"라고 하면 동기가 상승되고, "아무리 해도 못할 것 같아..."라고 생각하면 동기가 낮아질 것이다.

③ 내적 동기 vs. 외적 동기

내적 동기가 높으면 도전과 성취 자체에서 즐거움을 느끼기 때문에 지속적으로 동기가 유지되지만, 외적 동기가 강해지면 보상이나 처벌 회피를 위해 행동하기 때문에 보상이 사라지면 동기 저하 가능성이 높다.

④ 실패에 대한 귀인

Weiner(1985)의 귀인이론에 따르면, 사람이 실패의 원인을 어떻게 해석하느냐에 따라 성취동기가 달라진다. 예를 들어, "내가 더 노력하면 다음에 성공할 수 있어!"라고 실패의 원인을 돌리면 동기가 상승하겠지만, "나는 원래 재능이 없어서 안 돼"라고 판단한다면 동기가 저하될 것이다.

(3) 성취동기 따른 선수의 특징

① 높은 성취 욕구를 가진 선수의 특징

도전을 즐기고, 어려운 목표를 설정하며, 실패해도 쉽게 포기하지 않는 것이 특징이다. 훈련 과정 자체에서 성취감을 느끼고, 노력과 성과를 연결하여 긍정적인 피드백을 활용한다.

② 실패 회피 성향이 높은 선수의 특징

실수를 두려워하고, 새로운 기술을 배우는 것을 꺼리며, 과도한 긴장과 불안으로 인해 경기력 저하되는 것이 특징이다. 실패를 타인의 평가와 연결하여 스트레스 증가한다.

결론적으로, 성취동기이론은 인간이 목표를 설정하고 이를 달성하려는 과정에서 성취욕구와 실패 회피가 어떻게 상호작용하는지를 설명하고 있다. 따라서, 현장에서는 적절한 목표 설정, 성공 경험 제공, 실패에 대한 긍정적 해석 유도, 내재적 동기 강화를 통해 높은 성취동기를 유발할 수 있어야 한다.

특히, 유아체육에서는 경쟁보다는 자기 성장과 도전을 즐길 수 있는 환경을 조성하는 것이 매우 중요하다.

4) 자기효능감이론

Bandura(1977)가 제안한 자기효능감이론은 개인이 특정 상황에서 자신이 목표를 성공적으로 수행할 수 있다고 믿는 정도가 행동과 동기에 큰 영향을 미친다고 본다. 즉, 자기효능감이론은 자기효능감이 어떤 행동을 성공적으로 수행할 수 있다는 개인의 신념이라고 정의한다.

자기효능감이 높은 사람은 더 많은 도전을 시도하고, 실패해도 쉽게 포기하지 않으며, 어려운 과제도 적극적으로 수행한다. 반면, 자기효능감이 낮은 사람은 과제를 회피하거나, 쉽게 포기하고, 실패를 극복하려는 동기가 부족할 가능성이 크다.

(1) 자기효능감의 주요 형성 요인

Bandura에 따르면, 자기효능감은 다음 네 가지 주요 요인에 의해 형성된다고 했다.

① 성공 경험

개인이 실제로 성공을 경험할 때 자기효능감이 증가하고, 실패를 반복하면 자기효능감이 낮아질 가능성이 크다. 운동선수가 작은 목표를 하나씩 성취하면서 자신감을 키우는 것이 여기에 해당한다.

② 대리 경험(모델링)

다른 사람이 성공하는 모습을 보고 자신도 할 수 있다고 믿게 된다. 특히, 자신과 비슷한 수준의 사람이 성공하는 모습을 보면 효과가 크다(Schunk, 1981). 예를 들어, 친구가 줄넘기를 성공하면 "나도 할 수 있어!"라고 생각하게 되며, 초보 선수가 자신과 비슷한 수준의 선수가 기술을 성공하는 모습을 보고 동기를 얻게 된다.

③ 언어적 설득

지도자, 코치, 부모, 친구 등의 격려와 피드백이 자기효능감에 영향을 준다. 긍정적인 피드백이 많을수록 자기효능감이 증가하지만, 부정적인 피드백이 많으면 자신감을 잃을 수 있다.

예를 들어, "너라면 할 수 있어!"라는 코치의 말이 선수의 자신감을 높이고, "정말 잘하고 있어! 한 번 더 도전해 보자!"라는 칭찬이 아이의 도전을 유도할 수 있다.

④ 생리적·정서적 상태

불안, 스트레스, 긴장과 같은 감정이 자기효능감에 영향을 준다. 긍정적인 감정을 가지면 자기효능감이 상승하고, 부정적인 감정을 가지면 자기효능감이 저하될 수 있다(Bandura, 1997).

예를 들어, 중요한 경기 전에 "나는 못할 것 같아"라고 생각하면 자기효능감이 감소될 것이고, 긍정적인 감정으로 "나는 할 수 있어!"라고 생각하며 동기가 증가할 것이다.

(2) 자기효능감에 따른 선수의 특징

스포츠 심리학에서는 자기효능감이 경기력과 학습에 미치는 영향이 크다고 본다.

① 자기효능감이 높은 선수의 특징

어려운 도전을 즐기며, 목표를 적극적으로 설정하고, 실패해도 포기하지 않고 계속 시도하는 것이 특징이다. 또한, 훈련을 지속적으로 수행하며, 성장 가능성이 높다.

예를 들어, "나는 오늘 3점슛을 더 많이 성공할 수 있어!"라고 믿고 연습을 계속하는 경우가 여기에 해당한다.

② 자기효능감이 낮은 선수의 특징

새로운 도전을 꺼리고, 어려운 과제를 회피하고, 실수를 하면 쉽게 위축되며, 훈련을 지속하지 않는 것이 특징이다. 또한, 긴장과 불안이 높아 경기력 저하된다. 예를 들어, "나는 이걸 할 수 없어"라고 생각하며 아예 시도하지 않는 경우이다.

결론적으로, 자기효능감이론은 개인이 특정 과제를 수행할 수 있다는 믿음(자기효능감)이 동기와 행동에 큰 영향을 미친다는 점을 강조한다. 현장에서는 작은 성공 경험 제공, 모델링 활용, 긍정적인 피드백, 긍정적인 감정 형성을 통해 자기효능감을 높이는 것이 중요하다.

5) 귀인이론

Weiner(1972)의 귀인이론은 사람들이 자신의 행동 결과를 어떻게 해석하는지, 원인을 어디에 돌리는지에 대한 심리적 과정에 초점을 맞추고 있다. 이 이론은 인간이 성공과 실패의 원인을 인지적으로 분석하고, 이에 따라 정서적 반응과 동기 수준이 결정된다고 본다. 즉, 개인이 자신의 성취를 어떻게 해석하느냐에 따라 미래의 행동이 달라질 수 있다는 것이다.

Weiner는 귀인요소를 4가지(능력, 노력, 운, 과제의 난이도)로 한정하고, 귀인의 원인을 세 가지 차원으로 분류하였다.

▶ 귀인의 세 가지 차원

① 원인의 소재 차원

이 차원은 성공이나 실패의 원인이 개인 내부에 있는지(내적) 또는 외부 환경에 있는지(외적)를 구분하는 기준이다. 능력, 노력은 내적요인에 운과 과제의 난이도는 외적요인에 해당된다.

예를 들어, 어떤 선수가 경기에서 이겼을 때 “내가 열심히 훈련한 덕분이다”라고 생각하면 이는 내적 귀인이고, “운이 좋아서 이겼다”라고 생각하면 외적 귀인이다. 내적 귀인은 자기 효능감을 높이고, 외적 귀인은 지속적인 동기 유발에 부정적인 영향을 미칠 가능성이 있다.

② 원인의 안정성 차원

이 차원은 원인이 시간과 장소에 따라 변하지 않는 안정적 요인인지, 변할 수 있는 불안정적 요인인지 구분한다. 능력, 과제의 난이도는 안정적 요인일 것이고 노력, 운은 언제든지 변할 수 있어 불안정적 요인일 것이다.

예를 들어, “나는 축구를 잘하는 유전자를 타고났다”는 안정적 귀인이고, “이번 경기 전에 충분히 연습하지 못했다”는 불안정적 귀인이다. 불안정한 원인에 귀인할 경우, 개인이 노력하면 변화할 수 있다고 인식하여 동기가 상승할 가능성이 크다.

③ 원인의 통제 가능성 차원

이 차원은 내 힘으로 통제할 수 있는 요인에 원인을 돌리느냐 통제할 수 없는 요인에 원인을 돌리느냐 하는 개인이 원인을 통제할 수 있는지 여부를 나타낸다. 노력은 통제 가능한 요인이지만 능력, 운, 과제의 난이도는 통제불가능에 해당한다.

예를 들어, 어떤 선수가 경기에서 패배했을 때 "내가 전략을 잘못 세웠다"라고 생각하면 이는 통제 가능 귀인이며, "심판이 나에게 불리한 판정을 내렸다"라고 생각하면 통제 불가능 귀인이다.

표 4-3 귀인요소와 각 차원과의 관계

귀인요소	원인의 소재	안정성	통제 가능성
능력	내적(내부)	안정적	통제불가능
노력	내적(내부)	불안정적	통제가능
운	외적(외부)	불안정적	통제불가능
과제의 난이도	외적(외부)	안정적	통제불가능

결론적으로, Weiner의 귀인이론은 성공과 실패를 어떻게 해석하느냐에 따라 개인의 정서와 동기 수준이 크게 달라지므로, 코치나 교사는 긍정적인 귀인을 유도하는 것이 중요하다.

운동선수나 유아들이 실패했을 때, 노력과 같은 내적, 불안정적, 통제 가능한 요인으로 귀인하도록 지도하면 지속적인 도전 정신을 가질 수 있다. 반면, 실패를 통제 불가능한 요인(운)으로 귀인하면 무기력감과 낮은 동기 수준을 초래할 가능성이 높다.

3. 동기유발 전략

1) 연령별 동기유발 전략

스포츠 활동에서 동기유발은 연령별로 차별화된 접근이 필요하다. 각 연령대의 신체적·인지적·정서적 발달 수준을 고려하여 적절한 동기유발 전략을 적용해야 한다.

(1) 유아기(3~5세): 놀이 중심 접근

유아기는 호기심이 강하고 놀이를 통해 학습하는 시기이다. 따라서 즐거움과 상상력을 자극하는 방식이 효과적이다.

- 스토리텔링 및 역할놀이 활용 : 신체활동을 이야기 형식으로 구성하여 몰입도를 높인다.
- 즉각적이고 긍정적인 피드백 제공 : "잘했어!", "멋지다!"와 같은 격려를 통해 자신감을 키운다.
- 창의적인 게임 활용 : 스포츠 활동을 단순한 동작 반복이 아닌 모험과 탐색 요소가 포함된 놀이로 구성한다.
- 사회적 상호작용 촉진 : 또래와 함께하는 협동 활동을 강조하여 사회성을 발달시킨다.

(2) 아동기(6~9세): 도전과 협동 강조

이 시기의 아동은 도전에 대한 흥미가 높아지고 또래와의 관계를 중시하기 시작한다.

- 자기 효능감 향상 : 작은 성공 경험을 반복적으로 제공하여 자신감을 증진한다.
- 게임화 요소 도입 : 단계별 미션과 보상 시스템을 적용하여 동기를 부

여한다.

- 건강한 경쟁과 협동 조화 : 경쟁을 활용하되 협동심을 키울 수 있는 팀 활동을 포함한다.
- 노력 중심의 피드백 제공 : 결과보다는 과정과 노력에 초점을 맞춰 격려한다.

(3) 청소년기(10~18세): 자기주도성과 목표 설정 유도

청소년기는 자율성과 성취욕이 증가하는 시기이므로 자기주도적 학습과 목표 설정이 중요하다.

- 개별 목표 설정 장려 : 단기 목표와 장기 목표를 설정하여 동기를 지속시킨다.
- 내재적 동기 강화 : 외적 보상보다는 개인의 발전과 성취감을 강조한다.
- 멘토링 및 롤모델 제공 : 교사 또는 선배가 모범을 보이며 지속적인 피드백을 제공한다.
- 역할 부여 : 리더, 심판, 기록원 등의 다양한 역할을 경험하게 하여 책임감을 형성한다.

2) 수준별(운동능력별) 동기유발 전략

같은 연령이라도 운동 능력과 경험 수준에 따라 동기유발 방법이 달라야 한다.

(1) 초보자(비숙련자)

초보자는 운동에 대한 자신감이 부족할 수 있으므로 두려움을 해소하고 성취감을 경험할 수 있도록 유도해야 한다.

- 단계별 학습 제공 : 쉬운 동작부터 차근차근 익히도록 구성한다.

- 개인의 발전 강조 : 타인과 비교하기보다 개인의 성장을 측정하여 격려한다.
- 협력적 활동 중심 : 경쟁보다는 협동하는 환경에서 자신감을 키운다.
- 실패에 대한 긍정적 인식 형성 : 실패도 학습 과정임을 강조한다.

(2) 중급자(일반적인 수준)

중급자는 도전적인 목표를 설정하고 자기주도적 학습을 유도해야 한다.

- 적절한 경쟁 요소 추가 : 건강한 경쟁을 통해 성취감을 느끼게 한다.
- 개인별 강점 파악 및 강화 : 각자의 강점을 찾아 인정하고 발전시킨다.
- 다양한 역할 경험 제공 : 단순한 참여가 아니라 지도자나 심판 역할도 맡게 한다.
- 의견 반영을 통한 동기 부여 : 학생들이 원하는 활동을 반영하여 흥미를 높인다.

(3) 숙련자(고수 수준)

숙련자는 더욱 도전적인 목표를 설정하고, 자기주도적인 학습과 전문적인 기술 습득을 유도해야 한다.

- 도전적 목표 설정 : 현재 실력보다 한 단계 높은 목표를 설정하고 도전하도록 한다.
- 경기력 분석 및 피드백 제공 : 자신의 경기력을 객관적으로 분석하고 개선점을 찾도록 한다.
- 전문 기술 학습 기회 제공 : 전략 및 전술을 포함한 심화 학습을 진행한다.
- 경쟁을 긍정적으로 활용 : 승패보다 성장에 초점을 맞추고 동기부여 요소로 활용한다.

결론적으로, 동기유발 전략은 연령과 수준에 따라 차별화되어야 하며, 특히 유아기에는 놀이 중심, 아동기에는 도전과 협동, 청소년기에는 자기주도적 목표 설정을 강조해야 한다. 또한 운동 능력에 따라 초보자는 성공 경험을, 중급자는 도전과 자기주도 학습을, 숙련자는 목표 설정과 경쟁을 활용하여 동기를 부여하는 것이 효과적이다.

Chapter

5

스트레스와 불안

1. 스트레스와 불안의 개념

1) 스트레스와 불안의 차이

스트레스는(Stress) 외부 환경의 요구나 자극에 대한 신체적·심리적 반응을 의미한다. 이는 우리가 적응해야 하는 부담감이나 압박으로 나타날 수 있으며, 긍정적인 스트레스(동기부여)와 부정적인 스트레스(과도한 압박)로 나뉜다. 중요한 경기 전 선수들이 느끼는 긴장감이나 부담감 등이 스트레스에 해당한다.

불안(Anxiety)은 미래의 불확실한 위험이나 위협을 예상할 때 경험하는 감정적인 반응이다. 스트레스가 특정한 외부 자극에 의해 발생하는 것과 달리, 불안은 내면적이고 주관적인 감정으로 나타난다.

예를 들어, 선수가 경기 전에 "실수하면 어떡하지?"라는 걱정을 반복하거나, 지속적으로 불안해하는 경우가 여기에 해당한다.

표 5-1 스트레스와 불안의 차이

구분	스트레스	불안
정의	외부 자극에 대한 신체적·심리적 반응	미래에 대한 불확실성에서 오는 감정적 반응
원인	특정한 외부 요인 (예: 경기, 평가, 훈련 등)	내면적이고 주관적인 걱정과 두려움
영향	긍정적(도전감) 또는 부정적(부담감)	대체로 부정적이며 집중력 저하 유발
생리적 반응	교감신경 활성화, 아드레날린·코르티솔 분비 증가	긴장, 과호흡, 심장 두근거림, 신경과민
유형	긍정적(Eustress), 부정적(Distress)	상태불안(State), 특성불안(Trait)

(1) 스트레스의 유형과 적용

스트레스는 일반적으로 부정적인 것으로 인식되지만, 사실 모든 스트레스가 해로운 것은 아니다. 때로는 적절한 수준의 스트레스가 개인의 동기

부여를 촉진하고, 경기력이나 업무 수행을 향상시키는 긍정적인 역할을 한다.

① 긍정적 스트레스(Eustress)

긍정적 스트레스(Eustress)란 개인에게 적절한 수준의 도전을 제공하고, 이를 통해 성장과 발전을 촉진하는 스트레스이다(Selye, 1974). 이러한 스트레스는 동기부여를 증가시키고, 집중력과 수행력을 높이는 데 도움을 줄 수 있다.

긍정적 스트레스는 개인의 능력을 최대한 발휘하도록 도움을 주며, 신체적·정신적 각성을 높여 집중력을 향상시키고, 도전감을 유발하며, 목표 달성에 대한 의욕을 증진한다. 즉, 스포츠, 교육, 업무 등에서 긍정적인 결과를 가져오는 것이 특징이다.

예를 들어, 중요한 경기 전 적절한 긴장감은 경기 집중력 향상에 도움이 된다.

② 부정적 스트레스(Distress)

부정적 스트레스(Distress)는 과도한 부담감과 압박감으로 인해 신체적·심리적 건강에 부정적인 영향을 미치는 스트레스이다(Selye, 1974). 이러한 스트레스는 지속되면 불안, 피로, 소진(burnout) 등의 문제를 유발할 수 있다.

부정적 스트레스는 긴장감이 지나쳐 불안과 두려움을 유발하고, 신체적 피로와 정신적 소진으로 이어질 수 있으며, 지속되면 집중력 저하, 수행력 감소, 건강 문제 발생 가능성이 높아지는 것이 특징이다. 따라서, 자기 효능감을 낮추고, 회피 행동을 유발할 수 있다.

예를 들어, 선수가 경기 전에 극심한 불안을 느껴 경기력 저하되는 것이 여기에 해당한다.

(2) 불안(경쟁불안)의 유형과 적용

스포츠와 교육 현장에서 경쟁은 피할 수 없는 요소이다. 그러나 경쟁이 긍정적인 동기를 부여할 수도 있지만, 과도한 경쟁 상황에서는 불안을 유발하여 경기력이나 학습 능력에 부정적인 영향을 미칠 수 있다.

이러한 현상을 경쟁불안(Competitive Anxiety)이라 하며, 개인이 경쟁 상황에서 부정적인 결과에 대한 두려움을 느끼고, 심리적·생리적 불안을 경험하는 상태를 의미한다(Martens, 1977). 특히, 운동 선수들은 경기 결과에 대한 압박감, 관중과 코치의 기대, 실수에 대한 두려움 등으로 인해 경쟁불안을 경험할 가능성이 크다.

경쟁불안은 크게 상태불안과 특성불안으로 나뉜다. 또한, 불안의 구체적인 형태에 따라 인지적 불안과 신체적 불안으로 구분할 수 있다.

① 상태불안(State Anxiety)

상태불안은 특정한 상황에서 일시적으로 나타나는 불안이다. 주어진 상황에 따라 불안의 강도가 달라질 수 있으며, 특히 경쟁 상황에서 두드러진다.

상태불안은 특정한 환경(경기 전, 발표 직전)에 따라 증가하거나 감소되며, 상황이 종료되면 불안이 사라지는 것이 특징이다. 스포츠에서 경기 전 불안, 학생들의 시험 불안 등이 포함된다.

② 특성불안(Trait Anxiety)

특성불안은 개인의 성향적인 불안 수준으로, 특정 상황과 관계없이 비교적 지속적으로 나타난다. 즉, 스트레스 상황이 아니더라도 불안을 자주 경험하는 경향이 있다.

특성불안은 성격적 특성으로 인해 지속적인 불안 상태를 느끼고, 새로운 환경이나 도전적인 상황에서도 쉽게 불안을 느끼고, 만성적인 걱정과 긴장 상태를 동반할 가능성이 높은 것이 특징이다.

③ 인지적 불안(Cognitive Anxiety)

인지적 불안은 부정적인 생각과 걱정에서 비롯된 불안으로 경기 실패, 실수에 대한 두려움, 자기효능감 부족 등과 관련이 있으며, 집중력 저하와 경기력 감소를 초래할 수 있다.

④ 신체적 불안(Somatic Anxiety)

신체적 불안은 신체적인 긴장과 생리적 반응과 관련된 불안으로 심박수 증가, 호흡 곤란, 땀 흘림, 손 떨림 등의 반응 포함된다. 적절한 수준에서는 경기력 향상에 도움을 줄 수 있으나, 과도하면 수행 저하를 초래한다.

예를 들어, 경기 직전 심장이 두근거리고 손에 땀이 나는 현상이나 시험 전에 속이 불편하고 몸이 떨리는 상황이 여기에 해당한다.

표 5-2 경쟁불안의 유형

유형	정의	특징	예시
상태 불안	특정한 경기나 경쟁 상황에서 일시적으로 나타나는 불안	경기 직전 불안이 심해지며, 종료 후 사라짐	중요한 경기 전날 불면증을 겪는 선수
특성 불안	경쟁 상황이 아니더라도 지속적으로 나타나는 불안	경쟁 자체를 부정적으로 인식	연습 경기에서도 심한 긴장을 느끼는 선수
인지적 불안	부정적인 생각과 걱정에서 비롯된 불안	'실패할 것 같다'는 생각이 반복됨	'이 경기에서 지면 내 경력이 끝날지도 몰라'
신체적 불안	신체적 반응(떨림, 심박수 증가, 근육 긴장)과 관련된 불안	경기 전 손발이 차가워지고 호흡이 빨라짐	경기 전 심장이 두근거리고 손에 땀이 남

2) 불안(경쟁불안) 이론

경쟁불안에 대한 연구는 다양한 이론적 접근을 통해 발전해 왔다. 대표적인 이론으로는 추동이론(Drive Theory), 역 U자 가설(Inverted-U Hypothesis), 다차원 불안 이론(Multidimensional Anxiety Theory), 카타스트로피 이론(Catastrophe Theory), 최적 수행 이론(IZOF), 반전이론(Reversal Theory) 등이 있다.

(1) 추동이론(Drive Theory)

Hull(1943), Spence & Spence(1966)가 제안한 추동이론은 각성이 증가할수록 수행 능력도 향상된다고 주장하는 모델이다. 즉, 개인이 높은 각성을 경험할수록 더 나은 경기력이나 수행을 보일 가능성이 크다는 것이다.

수행력은 수행력(습관 강도) × 각성 수준에 비례하여 나타나며, 각성이 높아질수록 학습된 반응(올바른 기술 또는 오류)이 더욱 강화되고, 숙련된 선수는 높은 각성 상태에서 더 나은 수행을 보이며, 미숙한 선수는 높은 각성에서 실수가 증가할 가능성이 높다는 것이 특징이다.

따라서, 고도의 훈련을 받은 운동선수는 높은 각성 상태에서 최상의 경기력을 발휘할 가능성이 큰 반면, 초보자는 각성이 증가할수록 실수가 많아질 가능성이 있다.

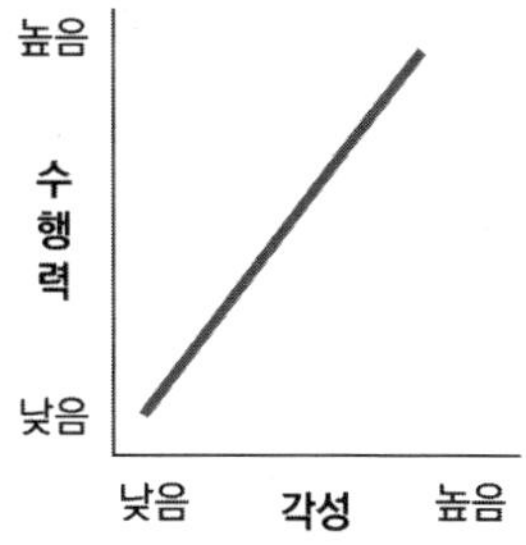

그림 5-1 추동이론

(2) 역 U자 가설(Inverted-U Hypothesis)

역 U자 가설은 Yerkes & Dodson(1908)가 제안한 이론으로, 각성(Arousal)과 수행(Performance) 간의 관계를 설명하는 모델로, 적절한 수준의 각성은 경기력 향상에 도움이 되지만, 너무 낮거나 높으면 수행 저하로 이어진다고 주장한다.

즉, 각성이 너무 낮으면 동기가 부족하고 집중력이 저하되며, 반대로 각성이 너무 높으면 긴장, 불안 증가로 수행이 저하되어, 적절한 각성 수준일 때 최상의 수행이 가능하다는 이론이다. 따라서, 운동선수들이 경기 전에 적당한 긴장감을 유지해야 경기력을 극대화할 수 있다.

올림픽 경기에서 경험이 많은 선수들은 적절한 긴장감을 유지하며 최고 수준의 경기력을 발휘하지만, 신인 선수들은 과도한 긴장으로 인해 실수를 범할 가능성이 높다.

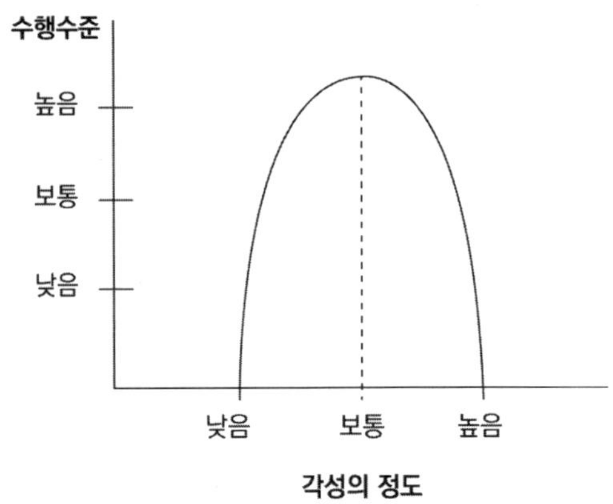

그림 5-2 역 U자 가설

* 출처 : 강지현 외 7인(2019). 스포츠심리학.

(3) 다차원 불안 이론(Multidimensional Anxiety Theory)

Martens, Burton, & Vealey(1990)가 제안한 다차원 불안 이론은 불안을 두 가지 요소로 나누어 설명한다. 부정적인 사고, 경기 실패, 평가에 대한 걱정 등의 인지적 불안과 심박수 증가, 땀, 근육 긴장 등의 생리적 반응 등의 신체적 불안이 있다.

인지적 불안은 경기력에 부정적인 영향을 미치고, 신체적 불안은 적절한 수준에서는 경기력 향상에 기여할 수도 있지만, 지나치면 수행이 저하되고, 경기 시작 전에는 신체적 불안이 높아지지만, 시간이 지나면서 감소하는 경향이 있고, 인지적 불안과 신체적 불안이 함께 작용하여 수행력에 영향을 미친다고 주장한다.

그림 5-3에 나타나듯이, 인지적 불안은 역 U자 곡선을 따라 경기력에 영향을 미치며, 중간 수준에서 최상의 수행을 보이지만, 신체적 불안은 중간 수준에서 긍정적인 영향을 주지만, 너무 낮거나 높으면 수행이 저하된다.

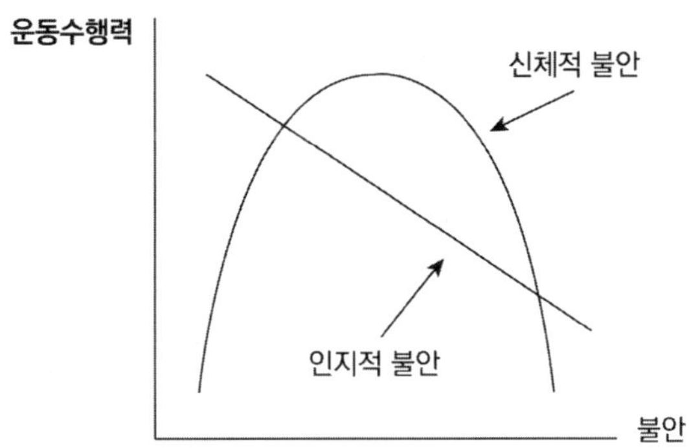

그림 5-3 다차원 불안이론

* 출처 : 강지현 외 7인(2019). 스포츠심리학.

따라서, 스포츠 선수들은 경기 전 긍정적인 자기 대화를 통해 인지적 불안을 조절할 수 있고, 심호흡, 점진적 근육 이완법과 같은 기법을 활용하여 신체적 불안을 조절할 수 있다.

예를 들어, 프로 골프 선수들이 경기 전에 긴장을 푸는 루틴을 수행하면, 신체적 불안을 조절하여 최적의 경기력을 발휘할 수 있고, 축구 선수들이 중요한 경기에서 인지적 불안을 줄이기 위해 집중력 향상 훈련을 수행하면 실수를 줄이고 경기력이 향상될 수 있다.

(4) 카타스트로피 이론(Catastrophe Theory)

Hardy & Fazey(1987)가 제안한 카타스트로피 이론은 신체적 불안과 인지적 불안이 상호작용하여 경기력에 비선형적인 영향을 미친다고 설명한다. 이 이론은 단순한 역 U자 가설과 달리, 인지적 불안 수준이 높을 때 신체적 불안이 증가하면 경기력이 갑작스럽게 급락할 수 있다고 한다.

신체적 불안이 적절한 수준에서 유지되면 경기력이 향상될 수 있지만, 인지적 불안이 높고, 신체적 불안이 일정 임계점을 넘어서면 급격한 경기력 저하(카타스트로피 현상)가 발생한다. 이론적으로 경기력 회복이 어려우며, 빠른 심리적 개입이 필요하다.

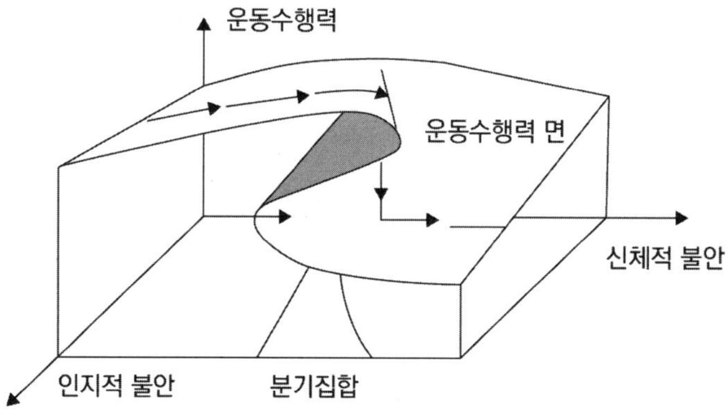

그림 5-4 카타스트로피 모형

* 출처 : 이병기 외 8인(2010). 스포츠심리학 플러스.

그림 5-4에 나타나듯이, 신체적 불안이 증가할수록 경기력이 향상되다가, 특정 지점을 넘어서면 급격히 저하된다. 인지적 불안이 낮다면, 신체적 불안이 증가해도 경기력 저하는 비교적 완만하다. 하지만 인지적 불안이 높을 경우, 신체적 불안이 임계점을 넘으면 경기력이 급락한다.

스포츠 현장에서 경기 전 극심한 긴장과 부담을 느끼는 선수가 신체적 불안까지 높아지면, 경기 중 돌이킬 수 없는 실수를 범할 수 있고, 유아교사가 공개 수업이나 평가에서 과도한 긴장과 불안을 느끼면, 평소보다 낮은 교육 효과를 보일 수 있다.

예를 들어, 축구 경기에서 승부차기를 앞둔 선수가 압박감을 심하게 느끼면, 신체적 불안까지 증가하여 실수를 하게 되고, 피겨스케이팅 선수들이 중요한 국제대회에서 갑작스럽게 경기력이 저하된다.

(5) 최적수행 이론(적정기능구역이론)

Hanin(1997)이 제안한 최적 수행 이론(IZOF)은 모든 선수들에게 동일한 이상적인 각성 수준이 존재하는 것이 아니라, 개별 선수마다 최적의 수행을 발휘할 수 있는 불안 수준이 다르다고 주장한다. 즉, 일부 선수는 낮은 불안 상태에서 최적의 수행을 보이는 반면, 다른 선수는 중간 또는 높은 불안 상태에서 최고의 경기력을 발휘할 수 있다.

수행 최적화는 개인의 특성에 따라 다르며, 불안 수준과 수행력 간의 관계는 개별적이고, 한 사람에게 최적인 불안 수준이 다른 사람에게는 방해가 될 수 있으며, 선수가 자신의 최적 불안 수준을 이해하고 조절하는 것이 중요하다. 최적수행이론은 단순한 역 U자 곡선이 아니라, 개인마다 다른 최적 수행 범위를 설정한다.

그림 5-5에서 보듯이, 최적 수행 이론은 기존의 역 U자 가설과 달리, 선수마다 서로 다른 최적 수행 범위가 존재한다고 가정한다.

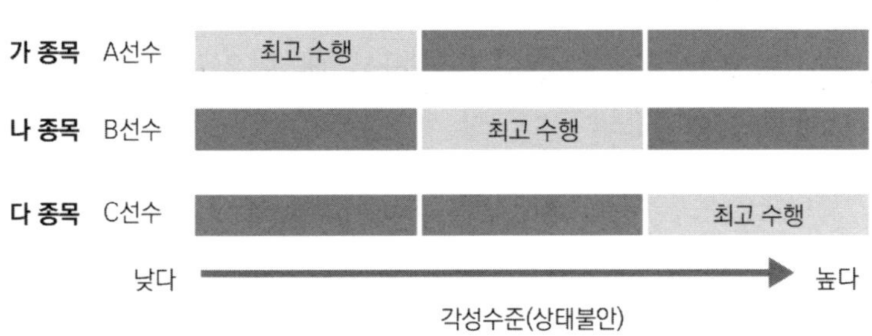

그림 5-5 최적수행 이론

* 출처 : 강지현 외 7인(2019). 스포츠심리학.

스포츠 현장에서 자신의 최적 수행 영역을 찾고, 경기 전에 해당 상태를 유지하도록 전략을 세울 수 있다.

예를 들어, 올림픽 선수들은 경기 전 불안을 다르게 경험하며, 일부 선수는 극도의 긴장감을 필요로 하지만, 일부는 차분한 상태에서 최상의 수행을 보이고 있으며, 마라톤 선수와 체조 선수는 경기 전 각성 상태와 최적 수행 범위가 다를 수 있다.

따라서, 선수 개인의 최적 수행 영역을 분석하여, 자신에게 맞는 불안 수준을 유지하는 전략 개발해야 하며, 경기 전 루틴을 개발하여 자신에게 적절한 각성 상태를 조절하고, 불안 조절 기법(호흡법, 심상훈련, 자기 대화 등)을 활용하여 개별적인 최적 수행 상태를 유지해야 한다.

(6) 반전이론(Reversal Theory)

반전이론(Reversal Theory)은 Apter(1982)와 Kerr(1997)에 의해 제안된 이론으로 개인의 심리적 상태와 각성 수준을 해석하는 방식에 따라 불안이 다르게 경험될 수 있다는 점을 강조한다. 즉, 각성 수준이 동일하더라도 개인이 이를 어떻게 해석하느냐에 따라 정서적 반응이 달라진다고 설명한다.

목표 지향 상태의 선수는 경기 전 높은 각성 수준을 불안으로 경험할 수 있으며, 이는 수행에 부정적인 영향을 미칠 수 있고, 쾌락 지향 상태의 선수는 같은 각성을 흥분이나 즐거움으로 경험하며, 이는 수행에 긍정적인 영향을 줄 수 있다.

따라서, 선수의 심리적 상태를 쾌락 지향 상태로 전환시키는 것이 경쟁 불안을 관리하고 최적의 수행을 달성하는 데 도움이 될 수 있다.

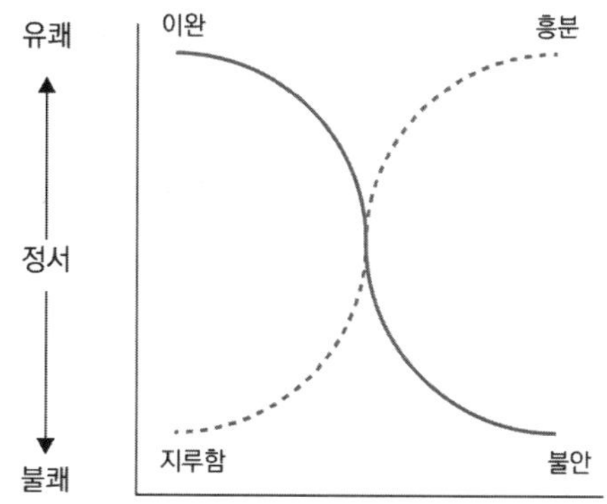

그림 5-6 반전이론

* 출처 : 강지현 외 7인(2019). 스포츠심리학.

2. 불안이 운동수행에 미치는 영향

불안(Anxiety)은 스포츠심리학에서 경기력에 가장 큰 영향을 미치는 심리적 요인 중 하나이다. 불안은 선수의 신체적 반응, 인지적 과정, 감정 상태를 변화시키며, 이러한 변화는 경기력에 긍정적 또는 부정적으로 작용할 수 있다. 불안의 유형과 수준, 그리고 개인이 이를 어떻게 해석하느냐에 따라 경기력에 미치는 영향이 달라진다.

1) 불안이 집중력에 미치는 영향

불안이 높아지면 신체적 긴장과 인지적 부담이 증가하며, 이는 집중력 저하로 이어진다(Eysenck et al., 2007).

(1) 집중력 저하

불안이 높은 사람은 하나의 과업에 집중하는 능력이 저하되며, 쉽게 산

만해지며, 신경 과민 상태로 인해 주변의 불필요한 정보에도 과민 반응을 보일 수 있다.

예를 들어, 시험을 볼 때 문제에 집중하기보다 "내가 이 시험을 망치면 어떻게 하지?"라는 생각이 계속 들어 집중이 흐트러진 현상이다.

(2) 터널 시야(Tunnel Vision) 현상

불안이 높으면 주의 폭이 좁아져 주변 상황을 충분히 인식하지 못하는 터널 시야(Tunnel vision)가 발생할 수 있다. 예를 들어, 축구 경기에서 골문 근처에서 슛을 할 때, 불안이 높은 선수는 주변의 동료를 보지 못하고 무리한 슛을 시도하기도 한다.

(3) 선택적 주의 편향

불안이 높은 사람은 부정적인 정보에 더 주의를 기울이는 경향이 있어, 긍정적인 피드백보다 부정적인 피드백에 더 민감하게 반응한다.

예를 들어, 발표 중 일부 청중이 핸드폰을 보고 있는 것을 보고 "내 발표가 지루한가?"라고 생각하며 불안이 증가한다.

(4) 지속적 주의 유지 곤란

불안이 높을수록 주의력을 장기간 유지하기 어려워져, 반복적인 과제에서 쉽게 피로감을 느끼고, 집중이 끊기는 현상이 증가한다. 예를 들어, 테니스 경기에서 세트가 길어질수록 집중력이 떨어지고 실수가 증가하는 현상이다.

2) 불안이 운동조절에 미치는 영향

(1) 근육 긴장 증가

불안이 높아지면 교감 신경계가 활성화되어 근육 긴장이 증가한다(Weinberg & Gould, 2015). 따라서, 근육의 유연성이 감소하고, 자연스러운 움직임이 어려워지며, 세밀한 운동 조절이 저하된다.

예를 들어, 골프 선수가 퍼팅을 할 때 손과 팔 근육이 과도하게 긴장하여 부드러운 스트로크가 어려워지거나, 야구 투수가 불안이 높아지면 어깨와 팔 근육이 경직되어 볼 컨트롤이 어려워지게 된다.

(2) 운동 패턴의 변화

불안이 높으면 기존의 자동화된 운동 패턴이 흐트러지고, 비효율적인 움직임이 증가한다(Masters, 1992).

예를 들어, 테니스 선수가 불안이 높아지면 평소보다 스윙이 부자연스러워지고, 타이밍이 맞지 않게 되고, 축구 선수가 페널티킥을 차기 전에 불안이 높아지면 공을 찰 때 평소와 다른 움직임을 보인다.

(3) 반응 속도 변화

불안이 높아지면 운동 반응 속도가 달라질 수 있다. 불안이 지나치게 높아지면 초기 각성 증가 효과로 단순 반응은 과제 수행 속도가 빨라질 수도 있으나, 복합 반응에는 의사결정 속도가 느려져 반응이 둔해질 수 있다.

예를 들어, 농구 선수가 자유투를 하기 전 불안이 높아지면 슛 동작이 빨라지거나(과잉 반응) 지나치게 신중해진다(반응 속도 저하).

3) 불안이 기술수행에 미치는 영향

(1) 복잡한 기술 수행의 저하

불안이 높아지면 작업 기억이 과부하 상태가 되어 복잡한 기술 수행이 어려워진다(Eysenck & Calvo, 1992).

예를 들어, 체조 선수가 불안이 높아지면 공중회전 동작 중 균형을 잃을 가능성이 증가하고, 야구 타자가 투수의 공을 읽고 반응하는 과정이 늦어져 헛스윙 가능성이 높아진다.

(2) 시각-운동 협응 저하

불안이 높으면 시각 정보 처리 속도가 저하되어 목표물을 정확하게 조준하기 어려워진다(Williams et al., 2002).

예를 들어, 농구 선수가 슛을 던질 때 백보드의 특정 지점을 정확히 겨냥하기 어려워지게 되고, 배드민턴 선수가 셔틀콕의 속도를 정확히 예측하지 못해 리턴 실수가 증가한다.

(3) 힘 조절 능력 감소

불안이 높으면 운동 수행 시 근육의 힘 조절 능력이 감소하여, 과도한 힘을 사용하거나 힘을 충분히 전달하지 못할 가능성이 높아진다(Nideffer, 1993).

예를 들어, 배구 선수가 스파이크를 할 때 불안으로 인해 손목의 힘 조절이 어려워 공이 네트에 걸리거나 코트를 벗어나게 된다.

(4) 지속적인 수행력 유지 곤란

불안은 경기 중 집중력 변동을 초래하여 일관된 수행력을 유지하는 것을 어렵게 만든다(Hardy et al., 1996). 예를 들어, 테니스 경기에서 불안이 높아지면 초반에는 좋은 플레이를 하다가 후반에 집중력이 떨어지며 실수가 증가하게 된다.

(5) 자동화된 기술 수행 방해

불안은 운동 기술이 자동화된 상태에서 의식적 조절로 전환되는 현상을 유발한다(Beilock & Carr, 2001). 이는 오랫동안 연습한 기술이 경기 상황에서 제대로 발휘되지 않는 "초킹(Choking under Pressure)" 현상을 초래한다(Baumeister, 1984).

예를 들어, 골프 선수가 경기 후반 긴장된 상황에서 평소 자동적으로 수행하던 퍼팅 동작을 과도하게 신경 쓰다가 실수하는 현상이다.

4) 불안이 의사결정 과정에 미치는 영향

(1) 의사결정 속도 저하

불안이 높은 사람은 결정을 내리는 데 시간이 더 오래 걸린다. 불안이 신중함을 유도할 수도 있지만, 지나치게 오래 고민하는 경우 기회를 놓칠 수 있다.

농구 경기에서 패스할지 슛할지 고민하다가 수비에게 공을 빼앗기는 현상이 좋은 예이다.

(2) 위험 회피적 선택

불안이 높은 사람은 새로운 시도를 피하고 안전한 선택을 선호하는 경향이 있다. 도전적인 결정을 피하고 기존의 방식만 고수하려는 경향이 나타난다.

예를 들어, 축구 경기에서 패널티 킥을 맡았을 때, 불안이 높은 선수는 강한 슛보다는 안전한 슛을 시도하지만, 예측 가능한 슛이 되어 골키퍼에게 막힐 확률이 높아진다.

(3) 과도한 정보 처리

불안이 높은 사람은 결정을 내리기 전에 너무 많은 정보를 고려하려는 경향이 있다. 불확실성을 줄이기 위해 과도하게 분석하지만, 오히려 빠른 판단이 필요한 순간을 놓치게 된다.

(4) 부정적 결과 예측

불안이 높으면 미래에 부정적인 결과가 발생할 가능성을 과대평가하는 경향이 있어, 최악의 시나리오를 상상하면서 주저하게 된다.

예를 들어, 면접에서 “내가 실수하면 면접관이 나를 싫어할 거야”라고 생각하며 긴장하여 자연스러운 답변을 하지 못하는 경우이다.

(5) 충동적 의사결정

일부 불안한 사람들은 반대로 빠르게 결정을 내려 불안한 상태를 벗어나려는 경향이 있다. 그렇기 때문에, 충분한 정보 분석 없이 즉흥적인 결정을 내리게 된다. 예를 들어, 주식 투자에서 불안감 때문에 시장이 변동할 때 비합리적으로 매도를 결정하게 되는 경우이다.

5) 불안이 팀워크에 미치는 영향

불안은 개인의 정서적 상태뿐만 아니라 팀 내 상호작용에도 중요한 영향을 미친다. 스포츠 팀이나 직장 조직에서 불안이 높아지면 의사소통 장애, 신뢰 부족, 역할 수행 저하 등의 문제가 발생할 수 있다(Weinberg &

Gould, 2015).

(1) 팀 내 의사소통 저하

불안이 높은 팀원은 말수가 줄어들거나, 부정적인 방식으로 의사소통할 가능성이 크다(Nideffer, 1993). 불안으로 인해 자신의 의견을 명확하게 전달하지 못하거나, 타인의 의견을 부정적으로 해석할 위험이 있다.

축구 경기에서 불안이 높은 선수는 팀원에게 패스를 요청하지 못하고, 소극적으로 움직이거나, 직장에서 프로젝트 회의 중 불안한 팀원은 자신의 아이디어를 발표하는 것을 꺼리고, 의견을 제대로 공유하지 않게 된다.

(2) 역할 수행 능력 저하

팀 내에서 각 구성원이 맡은 역할이 분명해야 하지만, 불안이 높으면 자기 역할 수행이 어려워진다(Weinberg & Gould, 2015). 불안이 높으면 자신감이 떨어지고, 실수를 두려워하여 적극적인 플레이나 행동을 하지 않게 된다(Hardy et al., 1996).

예를 들어, 배구 경기에서 세터가 불안으로 인해 패스를 제대로 연결하지 못하면, 팀 전체의 공격 흐름이 끊어지게 된다.

(3) 팀 내 신뢰 부족

불안이 높은 팀원은 다른 팀원을 신뢰하기 어려워하며, 팀워크를 형성하는 데 방해 요소가 된다(Hardy et al., 1996). 팀원 간 신뢰가 부족하면 팀 응집력이 약해지고, 팀워크의 질이 떨어진다.

예를 들어, 농구 경기에서 불안이 높은 선수는 동료가 자신을 믿지 않을 것이라는 생각에 패스를 요청하지 않게 된다.

(4) 집단사고 및 의사결정 장애

불안이 높은 팀에서는 집단사고(Groupthink) 현상이 나타날 가능성이 있다(Janis, 1982). 팀원들이 불안을 줄이기 위해 다수 의견에 무조건 따르는 경향이 강해지며, 비판적인 사고가 약화되고. 잘못된 결정을 내릴 가능성이 증가한다(Eysenck & Calvo, 1992).

예를 들어, 축구 경기에서 전술을 논의할 때, 불안이 높은 팀원들이 감독의 의견에 무조건 동의하여 효과적인 전략을 세우지 못한다.

(5) 팀 응집력 저하

불안이 높은 팀은 동료 간의 유대감과 협력 수준이 낮아지고, 팀원들이 서로 돕기보다 개인적인 목표에 집중할 가능성이 크다(Williams et al., 2002).

축구 경기에서 공격수와 미드필더 간 협력이 부족하여 경기력이 저하되거나, 회사에서 팀원들이 협력하지 않고 개인 업무만 수행하여 팀 프로젝트의 효율성이 낮아지게 된다.

(6) 스트레스와 팀 충돌 증가

불안이 높아지면 팀 내 스트레스와 긴장이 증가하여 갈등이 발생할 가능성이 높아진다(Hardy et al., 1996). 불안이 높은 팀원은 쉽게 감정적으로 반응하여 갈등이 심화될 수 있다.

농구 경기에서 한 선수가 실수를 하자, 불안한 팀원이 화를 내며 팀 분위기가 악화되는 현상이나, 직장에서 불안이 높은 팀원들끼리 서로 책임을 떠넘기면서 갈등이 발생하게 된다.

Chapter

6

주의집중

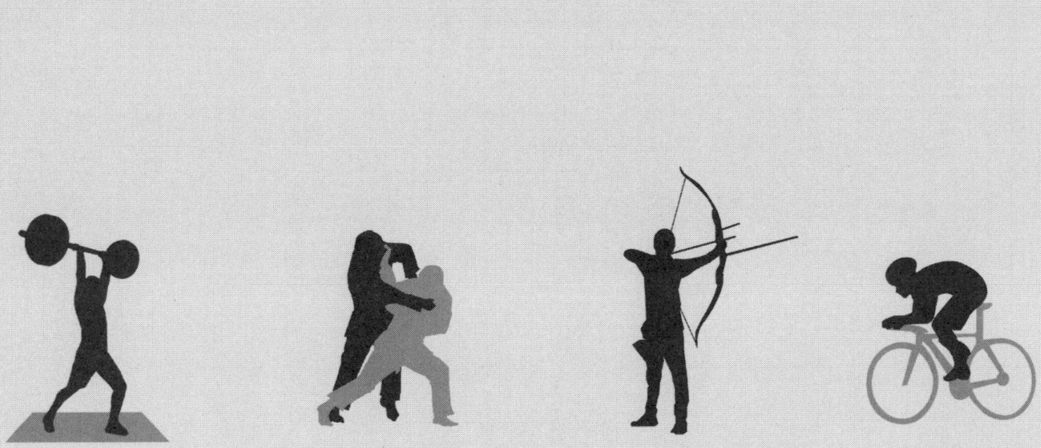

1. 주의집중의 개념

1) 주의집중의 정의

주의집중(attention)은 특정한 정보에 초점을 맞추고, 동시에 다른 정보들을 무시하는 인지적 과정이다(Anderson, 2015). 이는 감각 정보를 선택적으로 처리하고, 목표 지향적인 행동을 수행하는 데 중요한 역할을 한다. 스포츠 상황에서는 선수들이 경기의 중요한 요소(공의 움직임, 상대 선수의 위치)에 집중하고 불필요한 방해 요소(관중 소음, 심리적 불안)를 차단하는 과정과 관련이 있다.

주의집중에 대한 정의는 학자들마다 차이가 있지만, 공통적으로 특정한 자극이나 과제에 정신을 집중시키는 능력이라고 정의한다. 대표적인 정의는 다음과 같다.

- James(1890) : 주의란 마음이 여러 개의 가능성 중 하나를 명확하고 선명하게 받아들이는 것이다.
- Kahneman(1973) : 주의는 제한된 인지적 자원을 배분하는 과정이다.
- Nideffer(1976) : 주의는 개인이 특정한 자극이나 과제에 집중하는 정도이며, 넓이(폭)와 방향(내적/외적)에 따라 조절된다.
- Posner & Petersen(1990) : 주의는 특정한 감각적 정보를 선택하고, 실행을 조절하는 신경적 시스템이다.

2) 스포츠에서 주의집중의 역할 및 특징

스포츠현장에서 주의집중은 경기력과 밀접한 관련이 있다(Williams & Jackson, 2019). 선수들은 경기 중 수많은 감각 정보 속에서 중요한 요소를 선택하고 집중해야 하며, 이를 통해 최적의 수행을 달성할 수 있다. 주의집중은 경기 전략, 반응 속도, 심리적 안정성 등 다양한 측면에서 결정적인 역할을 한다.

(1) 경기 중 핵심 정보 선별

스포츠 현장에서는 다양한 시각적, 청각적, 촉각적 정보가 동시에 주어진다. 선수들은 이 중에서 경기 수행에 필요한 핵심 정보를 빠르게 선별해야 한다(Posner & Petersen, 1990). Williams & Davids(1998)의 연구에 따르면, 엘리트 축구 선수들은 아마추어 선수들보다 상대 선수의 움직임을 예측하는 능력이 뛰어나며, 이는 높은 수준의 주의집중 능력 덕분이라 했다.

(2) 반응 속도 및 의사결정 능력 향상

빠른 스포츠 환경에서는 주의집중이 선수의 반응 속도를 결정짓는다. 특히, 짧은 시간 안에 최적의 결정을 내려야 하는 종목에서 더욱 중요하다(Kahneman, 1973). Abernethy(1991)는 높은 수준의 주의집중이 운동 선수들의 반응 시간을 단축시키고, 경기 중 더 나은 결정을 내리는 데 도움을 준다고 보고하였다.

예를 들어, 테니스에서 상대방의 서브 방향을 빠르게 인식하고 적절한 리턴을 준비하는 과정이나, 축구에서 골키퍼가 상대 선수의 슛 방향을 예상하고 반응하는 순간적인 판단이 여기에 해당한다.

(3) 수행 중 심리적 안정 유지

경기 중 주의집중이 흐트러지면 선수들은 불안, 긴장, 부정적인 생각에 빠질 가능성이 높다(Hardy et al., 2004). 집중력을 유지하는 것은 심리적 안정성을 유지하고 최적의 수행을 지속하는 데 필수적이다. Masters & Maxwell (2008)은 주의집중이 심리적 안정과 경기력에 미치는 영향을 연구하며, 과도한 자기 성찰이 운동 수행을 방해할 수 있다고 설명하였다.

예를 들어, 골프 선수들이 퍼팅을 할 때 주변 관중의 소음을 무시하고 샷에 집중하는 과정이나, 마라톤 선수들이 체력적 고통과 외부 방해를 견디면서 페이스를 유지하는 과정이다.

(4) 전략적 플레이 및 전술 수행

팀 스포츠에서는 선수들이 경기 상황을 정확히 인식하고 전략적으로 행동하는 것이 중요하다(Nideffer, 1976). 주의집중이 부족하면 팀 전술을 수행하는 데 어려움을 겪고, 경기 운영이 원활하지 않을 수 있다. Moran(2012)의 연구에서는, 팀 스포츠 선수들이 경기 중 주의집중을 적절히 조절할 때 전략적 의사결정이 향상된다고 보고하였다.

예를 들어, 야구에서 타자가 투수의 패턴을 분석하고, 다음 공을 예측하여 대비하는 과정이나, 농구에서 수비수가 공격수의 움직임을 주의 깊게 관찰하고 적절한 위치를 선점하는 과정이 여기에 해당한다.

(5) 실수 방지 및 경기력 유지

스포츠에서는 단 한 번의 실수가 경기 결과를 좌우할 수 있다. 주의집중이 부족하면 판단 실수, 기술적 오류, 전술 수행 실패 등의 문제가 발생할 수 있다(Williams & Jackson, 2019). Abernethy & Russel(1987)은 시각적 주의집중이 부족할 경우, 운동 기술 수행의 정밀도가 감소한다고 보고했다.

예를 들어, 축구에서 수비수가 순간적으로 집중력을 잃고 오프사이드 트랩을 실패하는 상황이나, 체조 선수들이 착지 동작에서 집중력이 흐트러져 넘어지는 경우가 있다.

결론적으로, 스포츠 현장에서 주의집중은 경기력 유지, 전략적 플레이, 심리적 안정, 실수 방지 등 다양한 측면에서 필수적인 역할을 한다. 주의

집중 부족은 경기력 저하로 이어질 수 있으므로, 선수들은 다양한 심리 기법을 활용하여 집중력을 강화하는 훈련을 병행해야 한다.

2. 주의집중의 유형

Nideffer(1976)는 스포츠 상황에서 선수들이 요구되는 주의집중 유형을 체계적으로 분석하여, 주의집중이 폭(넓음-좁음)과 방향(외적-내적)의 두 가지 차원에서 이루어진다고 설명하며, 이를 조합하여 네 가지 유형으로 구분하였다.

1) 주의집중의 차원

(1) 주의의 폭(Attentional Width)

- 넓은(광의) 주의 : 여러 개의 정보를 동시에 처리하는 능력
- 좁은(협의) 주의 : 특정한 정보에 초점을 맞추는 능력

(2) 주의의 방향(Attentional Direction)

- 외적 주의 : 외부 환경(상대 선수, 공, 경기장 상황 등)에 집중하는 유형
- 내적 주의 : 자신의 생각, 감정, 신체 감각 등에 집중하는 유형

2) Nideffer의 주의집중 유형

(1) 넓은(광의)-외적 주의(Broad-External Attention)

경기 중 외부의 여러 요소를 동시에 인식하고 처리하는 능력으로, 팀 스포츠에서 경기 흐름을 읽고 전략적 의사결정을 해야 할 때 혹은 상대

선수들의 움직임을 빠르게 분석해야 할 때 필요한 유형이다.

예를 들어, 축구 미드필더가 필드 전체를 보며 패스 옵션을 결정하는 과정이나 농구 가드가 상대팀의 수비 움직임을 분석하여 공격 루트를 찾는 과정이 이 유형에 해당한다.

(2) 넓은(광의)–내적 주의(Broad–Internal Attention)

여러 가지 생각과 전략을 동시에 고려하는 능력으로 경기 전략을 세우거나 계획할 때 혹은 자신의 수행을 평가하고 조정할 때 필요한 유형이다.

예를 들어, 골프 선수가 코스 전략을 고민하며 최적의 클럽을 선택하는 과정이나 마라톤 선수가 경기 중 자신의 페이스를 조절하고 컨디션을 점검하는 과정이 여기에 해당한다.

(3) 좁은(협의)–외적 주의(Narrow–External Attention)

특정한 외부 자극(공, 목표물, 상대 선수 한 명 등)에 초점을 맞추는 능력으로, 순간적인 반응과 정밀한 수행이 필요한 경우나 짧은 시간 내에 한 가지 대상에 집중해야 할 때 필요한 유형이다.

예를 들어, 테니스 선수가 상대방의 서브를 읽고 공을 바라보는 과정이나 양궁 선수가 과녁을 조준하는 과정이 여기에 해당한다.

(4) 좁은(협의)–내적 주의(Narrow–Internal Attention)

자신의 감각, 심리적 상태, 기술적인 동작 등에 깊이 집중하는 능력으로, 특정 기술을 수행하기 전 심리적 안정이 필요할 때 혹은 정교한 신체 조절이 필요한 경우의 유형이다.

예를 들어, 다이빙 선수가 점프 전에 호흡을 조절하고 동작을 시뮬레이션하는 과정이나 역도 선수가 바벨을 들어 올리기 전 동작을 머릿속으로 이미지화하는 과정이 여기에 해당한다.

표 6-1 스포츠 종목과 집중집중의 유형

종목	유형	요구되는 주의집중
축구 미드필더	넓은-외적	경기 흐름 인식
농구 가드	넓은-외적	공격 전술 판단
골프선수	넓은-내적	코스환경, 바람 방향 등
마라톤 선수	넓은-내적	페이스조절, 몸상태 체크 등
양궁선수	좁은-외적	과녁 집중
테니스 선수	좁은-외적	공 집중
골프 선수	좁은-내적	자기조절, 심상 훈련
체조 선수	좁은-내적	동작 정밀성

3. 주의집중 향상 기법

주의집중 훈련은 선수들이 경기 중 가장 중요한 요소에 집중하고, 불필요한 자극을 차단하며, 지속적인 집중을 유지하는 능력을 향상시키는 과정이다(Posner & Petersen, 1990). 이를 통해 선수들은 경기 중 최적의 수행 상태를 유지할 수 있으며, 스트레스나 압박 상황에서도 침착하게 경기력을 발휘할 수 있다.

1) 심상 훈련(Imagery Training)

심상 훈련은 선수들이 실제 경기 상황을 머릿속으로 시뮬레이션하여 주의집중을 강화하는 기법이다(Moran, 2012). 이는 동작의 정확도를 높이고, 경기 중 집중을 유지하는 데 도움을 준다. 연구에 따르면, 심상 훈련을 꾸준히 실시한 선수들은 집중력이 향상되고 경기 중 실수율이 감소하는 경향이 있다(Masters & Maxwell, 2008).

▸ **훈련 방법**

① 조용한 환경에서 눈을 감고 경기 상황을 떠올린다.
② 공의 움직임, 상대의 위치, 자신의 동작을 구체적으로 이미지화한다.
③ 긍정적인 수행을 상상하며, 성공적인 경기 장면을 반복적으로 시뮬레이션한다.
④ 심상에 감각적 요소(시각, 청각, 촉각)를 추가하여 더욱 생생하게 재현한다.

예를 들어, 골프 선수가 퍼팅 전에 공이 홀로 들어가는 장면을 상상하며 집중력을 극대화시키거나, 양궁 선수가 화살이 과녁의 정중앙에 맞는 이미지를 떠올리며 마음을 가다듬는 경우가 여기에 해당한다.

2) 주의집중 전환 훈련(Attentional Shifting Training)

스포츠에서는 특정 상황에 따라 주의집중의 폭과 방향을 신속하게 전환하는 능력이 필요하다. 이 훈련은 선수들이 필요할 때 넓은-좁은, 외적-내적 주의집중을 유연하게 조절하도록 돕는다(Nideffer, 1976).

Abernethy(1991)는 주의집중 전환 능력이 뛰어난 선수일수록 경기 중 실수가 줄어들고, 빠른 의사결정을 할 수 있다고 했다.

▸ **훈련 방법**

① 다양한 경기 상황에서 주의의 폭과 방향을 바꾸는 연습을 한다.
② 코치가 특정 신호를 주면 선수는 즉시 다른 유형의 주의로 전환한다.
③ 훈련 후 자신이 집중했던 대상과 변화를 점검한다.

예를 들어, 축구 미드필더가 경기 흐름을 읽는 넓은-외적 주의에서, 패스를 받을 때 좁은-외적 주의로 신속하게 전환하거나, 야구 타자가 상대 투수의 투구 패턴을 읽는 넓은-외적 주의에서, 타격 순간 공에만 집중하는 좁은-외적 주의로 변화하는 훈련이다.

3) 자기대화 기법(Self-Talk Training)

자기 대화는 선수들이 경기 중 자신과 긍정적인 대화를 나누면서 집중력을 유지하고, 불안감을 줄이는 데 효과적인 전략이다(Hardy et al., 2004).

자기 대화를 효과적으로 활용하는 선수들은 경기 중 집중력이 높아지고, 스트레스 상황에서도 수행력이 유지된다(Landin & Hebert, 1999).

▸ **훈련 방법**

① 긍정적인 자기 대화 문장을 미리 작성한다.

② 경기 전, 경기 중, 경기 후에 반복적으로 말하며 습관화한다.

③ 필요할 때 즉각적으로 사용할 수 있도록 연습한다.

예를 들어, 지난 리우올림픽 펜싱 결승전 경기에서 박상영 선수는 경기 막바지 의자에 앉아 '할 수 있다'라고 자기대화를 하는 모습이 카메라에 잡혔다. 이후 그는 믿기 어려울 정도로 4점차를 극복하고 역전하여 금메달을 차지했다.

4) 루틴 개발(Pre-performance Routine)

루틴은 경기 전에 일정한 절차를 반복하여 심리적 안정과 집중력을 유지하는 기법이다(Williams & Jackson, 2019). 루틴을 수행하면 불필요한 긴장을 줄이고, 경기 중 최적의 집중 상태를 유지할 수 있다. 연구에 따르면, 루틴을 적용한 선수들은 경기 중 집중력과 수행력이 향상되었다(Foster et al., 2006).

▸ **훈련 방법**

① 경기 전 일정한 행동을 설정하고, 반복하여 연습한다.
② 루틴에는 신체적 동작(호흡 조절)과 심리적 준비(심상 훈련)를 포함한다.
③ 경기 상황에서도 일관되게 유지하여 집중력을 극대화한다.

예를 들어, 농구 자유투에서 슈터가 슛 전에 공을 세 번 튕긴 후 심호흡하고 슛하는 경우나, 야구 타자가 타석에 들어가기 전 배트를 일정한 방식으로 돌리며 집중력 유지하는 경우가 여기에 해당한다.

5) 환경 제어 전략(Environmental Control Strategies)

외부 환경은 선수들의 집중력을 방해할 수 있다. 따라서 환경 제어 전략을 활용하여 불필요한 방해 요소를 줄이는 것이 중요하다.

▸ **훈련 방법**

① 경기 전 조용한 공간에서 심리적 준비를 한다.
② 방해 요소(관중 소음, 외부 시선 등)를 차단하는 기술을 훈련한다.
③ 특정한 신호(심호흡, 루틴)를 통해 집중력을 유지한다.

예를 들어, 우리나라 양궁선수들이 야구장에서 관중 소음에도 집중할 수 있도록 연습 하는 경우나 골프 선수가 샷을 하기 전에 주위를 신경 쓰지 않고 루틴을 유지하는 연습이 여기에 해당한다.

결론적으로, 주의집중 훈련 기법은 선수들이 경기 중 집중력을 극대화하고, 경기력 저하를 방지하는 데 필수적인 요소이다. 심상 훈련, 주의집중 전환 훈련, 자기 대화, 루틴 개발, 환경 제어 전략 등은 선수들이 최적의 경기력을 유지하는 데 효과적인 방법들이다.

Chapter

7

목표설정

1. 목표설정의 개념

1) 목표설정의 정의

목표설정(Goal Setting)이란 개인이 특정한 성과를 달성하기 위해 구체적인 목표를 정하고, 이를 실현하기 위한 계획을 수립하며, 행동을 조정하는 과정을 의미한다(Locke & Latham, 1990). 목표설정은 단순히 '하고 싶다'는 바람을 넘어서, 구체적인 방향성과 기준을 제공하여 개인의 동기와 행동을 효과적으로 조절하는 심리적 기술이다(Knight, Harwood, & Gould, 2015).

스포츠 현장에서는 목표설정을 훈련 및 경기에서 선수들이 보다 체계적으로 성장할 수 있도록 도와주는 행동 지침이자 동기 부여 도구로 활용한다. 명확한 목표가 설정될 경우, 선수들은 경기력 향상을 위한 구체적인 전략을 수립할 수 있으며, 목표 달성 과정을 점검하면서 지속적인 발전을 이룰 수 있다(Burton & Weiss, 2008).

2) 목표설정의 효과

목표설정은 선수들의 심리적 측면과 경기력 향상에 다음과 같은 효과를 제공한다.

(1) 동기 부여

명확한 목표가 있으면 선수들은 보다 집중하고 적극적으로 훈련에 참여한다(Locke & Latham, 2002).

(2) 주의집중 향상

목표를 설정하면 선수들은 불필요한 요소를 배제하고 중요한 요소에 집중할 수 있다(Burton & Weiss, 2008).

(3) 자신감 증가

점진적으로 목표를 달성하면 선수들의 자신감이 향상된다(Hardy et al., 2004).

(4) 피드백 및 평가 가능성 증대

목표를 구체적으로 설정하면 자신의 성과를 객관적으로 평가할 수 있으며, 개선해야 할 부분을 명확히 인식할 수 있다(Doran, 1981).

3) 목표설정의 원리

스포츠 현장에서는 효과적인 목표설정을 위해 SMART 원칙을 적용한다(Doran, 1981). 그 내용은 다음과 같다.

- S(Specific) : 목표는 구체적으로 설정해야 한다(자유투 성공률을 80%로 올리겠다).
- M(Measurable) : 목표 달성 여부를 확인(측정)할 수 있어야 한다(다음 경기에서 패스 성공률을 75% 이상으로 유지하겠다).
- A(Attainable) : 현실적으로 달성 가능한 목표를 설정해야 한다(한 달 안에 체중을 2kg 감량하겠다).
- R(Relevant) : 개인의 경기력 향상과 관련된 목표여야 한다(내 수비력을 향상시키기 위해 하루 30분 수비 훈련을 하겠다).
- T(Time-bound) : 목표 달성을 위한 구체적인 기한을 설정해야 한다(3개월 안에 스쿼트 중량을 150kg까지 늘리겠다).

4) 목표의 유형

목표는 내용과 적용 방식에 따라 여러 유형으로 나뉜다.

(1) 결과 목표

경기의 최종적인 결과를 중점적으로 설정하는 목표로, '내년 전국 대회에서 우승하겠다.', '팀이 리그 1위를 차지하겠다.' 등의 목표설정이다.

선수들에게 강한 동기 부여 제공하지만, 경기 외적인 요인(상대팀 실력, 심판 판정 등)에 영향을 받을 수 있다.

(2) 수행 목표

구체적인 수행 수준을 설정하는 목표로 '100m를 10.5초 이내에 달리겠다.', '자유투 성공률을 85%로 향상시키겠다.' 등의 목표설정이다.

자신의 노력과 기술 향상에 초점이 맞춰져 있어 통제 가능성이 높지만, 결과 목표에 비해 선수들에게 즉각적인 동기 부여 효과가 낮을 수 있다.

(3) 과정 목표

특정 기술이나 전술을 실행하는 과정에 집중하는 목표로 '서브할 때 어깨 회전을 더 크게 하겠다.', '드리블 시 시선을 상대 수비수에게 두겠다.' 등의 목표설정이다.

수행의 질을 개선하는 데 효과적이며, 훈련과 경기에서 즉시 적용 가능하지만, 경기의 최종 결과와 직접적인 연관성이 낮을 수 있다.

2. 목표설정 이론

1) 목표설정 이론

Locke & Latham(1990)은 목표가 개인의 동기와 수행에 강력한 영향을 미친다고 주장하며, 목표설정이론(Goal-Setting Theory)을 제안했다. 이 이론은 주로 산업 및 조직 심리학에서 개발되었으나, 스포츠 현장에서도 널리 활용되고 있다. 핵심개념은 다음과 같다.

• 목표는 명확해야 한다.

모호한 목표보다 구체적인 목표가 수행 향상에 더 효과적이다. 예를 들어, '운동을 더 열심히 하겠다.' 보다는 '한 달 안에 마라톤 5km 기록을 2분 단축하겠다.'라고 목표설정을 해야 한다.

• 목표는 도전적이어야 한다.

너무 쉬운 목표보다 도전적인 목표가 동기 부여에 긍정적인 영향을 준다(현재 자유투 성공률 70%를 3개월 후 85% 달성하겠다).

• 목표는 피드백을 통해 수정되어야 한다.

지속적인 평가와 피드백이 제공될 때 목표 달성 가능성이 높아진다(경기 후 슈팅 정확도를 분석하고 개선 방안을 설정).

• 목표에 대한 몰입이 중요하다.

목표를 달성하기 위한 선수들의 헌신도가 높을수록 수행 향상 효과가 크다.

• 목표는 복잡하지 않아야 한다.

너무 복잡한 목표는 효과가 떨어질 수 있으며, 이를 해결하기 위해 세

부적인 계획이 필요하다.

이 이론은 스포츠에서 목표설정이 수행 향상에 미치는 영향을 설명하는 중요한 이론으로, 선수들이 목표를 설정할 때 SMART 원칙을 적용하는 근거가 된다.

2) 인지매개 이론

Garland(1985)의 인지매개이론은 목표설정이 수행에 미치는 영향이 개인의 인지적 해석과 기대에 의해 중재된다는 점을 강조하는 이론이다.

목표가 직접 수행을 결정하는 것이 아니라, 목표에 대한 개인의 인지적 해석이 목표 달성 과정에서 중요한 역할을 한다는 점을 설명한다. 핵심개념은 다음과 같다.

- 개인의 목표 기대

선수들이 목표를 달성할 수 있다고 믿을수록 수행 향상 가능성이 높다(내가 자유투 성공률을 85%로 올릴 수 있다).

- 목표 가치

목표가 개인에게 얼마나 중요한지를 의미하며, 목표 가치가 높을수록 수행력이 증가한다(내가 이번 시즌 주전 선수가 되려면 이 목표를 꼭 달성해야 한다).

- 인지적 평가

선수들은 목표 달성 가능성과 관련하여 지속적으로 자신의 수행을 평가하며, 목표가 어려울수록 부정적인 인지적 평가가 발생할 가능성이 높다(너무 어려운 목표를 설정하면 중도 포기할 가능성이 높아진다).

이 이론은 목표설정이 단순히 목표의 수준과 난이도에 의해서만 결정되는 것이 아니라, 선수들의 목표에 대한 해석과 기대 수준이 중요하다는 점을 강조한다. 따라서 코치, 감독은 선수들에게 목표의 달성 가능성을 신뢰할 수 있도록 지도하고, 목표의 가치를 높이는 것이 중요하다.

3) 경쟁적 목표설정 모형

Burton(1989)의 경쟁적 목표설정 모형은 선수들이 목표를 설정할 때 경쟁적인 요소가 중요한 영향을 미친다는 점을 강조하는 이론이다. 이 이론은 스포츠의 경쟁적 특성을 반영하여, 목표설정이 단순한 개인적 수행 향상을 넘어, 상대와의 비교 및 경쟁에 의해 영향을 받을 수 있음을 설명한다. 핵심개념은 다음과 같다.

• 목표의 유형

목표는 절대적 목표와 상대적 목표로 구분된다(100m를 10초 이내에 달리겠다 : 절대적 목표 vs. 대회에서 내 경쟁자보다 앞서겠다 : 상대적 목표).

• 경쟁 상황에서 목표 설정의 중요성

스포츠에서 목표는 단순한 개인적 성취가 아니라, 경쟁자와의 비교를 통해 조정된다(내 라이벌보다 더 좋은 기록을 세우기 위해 훈련량을 늘려야겠다).

• 경쟁 압박과 목표 달성 기대감

선수들은 경쟁 압박이 클 때 목표에 대한 몰입도가 증가할 수도 있고, 반대로 부정적인 심리적 부담을 느낄 수도 있다(지나치게 높은 경쟁적 목표는 선수들에게 부담을 줄 수 있음).

이 모델은 스포츠의 경쟁적 특성을 반영하여, 선수들이 경쟁 환경에서 어떻게 목표를 설정하고, 목표 달성을 위해 노력하는지를 설명하는 데 유용하다. 특히, 경쟁적인 스포츠 환경에서 심리적 압박을 관리하고, 목표설정을 보다 효과적으로 조정하는 방법을 제공한다.

4) 목표정렬 이론

Harwood et al.(2015)의 목표정렬 이론은 목표는 개인적인 목표뿐만 아니라 팀 목표와 조화를 이루어야 한고 주장한다. 즉, 개별 선수의 목표가 팀의 목표와 일치할 때 팀 전체의 경기력이 향상된다는 것이다. 핵심개념은 다음과 같다.

• 개인 목표
개인이 스스로 설정한 목표이다(내가 이번 시즌 10골 이상 넣겠다).

• 팀 목표
팀 전체가 공유하는 목표이다(우리 팀이 리그에서 최소 2위를 하겠다).

• 목표 정렬
개인 목표와 팀 목표가 정렬될 때 팀 퍼포먼스가 극대화된다(내가 수비력을 강화하면 팀 전체의 실점률이 낮아질 것이다).

이 이론은 팀 스포츠에서는 선수 개개인의 목표가 팀의 전략과 조화를 이루는 것이 중요하다.

표 7-1 목표설정 이론 비교

이론	주요개념	스포츠에서의 적용
목표설정 이론	목표가 동기와 수행에 직접적 영향을 미침	SMART 목표 설정 적용
인지매개이론	목표가 인지적 해석과 기대에 의해 중재됨	목표 가치와 기대를 높이는 전략 활용
경쟁적 목표설정 모형	경쟁적 요소가 목표설정에 영향을 줌	경쟁적 환경에서 목표설정 조정
목표 정렬 이론	개인 목표와 팀 목표의 조화	팀 스포츠에서 필수적인 목표 설정 방법

3. 스포츠 현장에서 목표설정 전략

1) 목표설정의 기본 원칙 활용

운동선수들이 목표를 설정할 때, 앞서 설명했듯이 SMART 원칙에 의해 목표를 설정하고, 결과 목표, 수행 목표, 과정 목표를 조화롭게 설정해야 한다.

2) 단계별 목표설정 전략

목표를 단계적으로 설정하는 전략은 목표를 달성할 확률을 높이고, 성취감을 지속적으로 유지할 수 있도록 돕는다. 선수의 궁극적인 목표를 위한 장기목표를 설정(5년 안에 프로 선수가 되겠다), 이 장기 목표를 달성하기 위한 중간 목표를 설정(1년 안에 주요 대회에서 3위 이상 기록)하고, 중기 목표를 세분화하여 실행 가능한 단기 목표를 설정(매일 500개 이상의 슈팅 연습)하는 것이 중요하다.

장기 목표는 선수의 최종적인 성취를 설정하는 기준이 되지만, 단기 목표가 체계적으로 설정되지 않으면 장기 목표를 달성하기 어렵다. 따라서, 단기 목표는 명확하고, 현실적이며, 점진적으로 난이도를 높여야 한다.

3) 목표 기록 및 시각화 전략

목표를 기록하고 시각화하는 것은 목표 달성 가능성을 높이는 강력한 방법이다. 매일 또는 매주 목표를 기록하고 성과를 점검하는 목표 다이어리 작성(자유투 성공률 목표 80%, 현재 75%, 다음 주까지 77%로 향상)하고, 목표를 눈에 보이는 곳에 적어 두고 동기 부여를 유지하는 목표 보드 활용(락커룸, 개인 노트북 화면 등에 목표 게시)하며, 목표 달성 장면을 머릿속으로 시뮬레이션하여 집중력 강화는 심상훈련이 필요하다.

4) 피드백과 목표 수정 전략

목표는 한 번 설정하고 끝나는 것이 아니라, 정기적으로 조정해야 한다(Locke & Latham, 2002). 목표 달성 여부를 점검하고, 부족한 부분을 개선하는 자기 피드백 전략(슈팅 성공률이 목표치에 미치지 못하면 원인을 분석하고 연습량을 조정)이 필요하며, 목표 수행 과정에서 코치 및 동료의 피드백을 받아 조정할 수 있으며, 기존 목표가 너무 쉬운 경우 보다 도전적인 목표로 조정할 수 있다(목표보다 슈팅 성공률이 빠르게 향상되었으면, 90% 이상을 목표로 새롭게 설정).

5) 자기조절 전략과 결합한 목표설정

Burton(1989)의 경쟁적 목표설정 모형에 따르면, 목표설정이 단순한 동기 부여 요소가 아니라 자기조절과 결합될 때 효과가 극대화된다.

Chapter

8

자신감

1. 자신감의 개념

1) 자신감의 정의

자신감(Confidence)은 개인이 자신의 능력이나 판단에 대해 가지는 긍정적인 신념을 의미한다. 이는 특정한 상황에서 과제를 성공적으로 수행할 수 있다는 믿음을 포함하며 스포츠, 학업, 직장, 인간관계 등 다양한 영역에서 중요한 역할을 한다. 스포츠심리학에서는 특히 선수의 경기력과 심리적 안정성을 결정짓는 핵심 요소로 작용한다(Vealey, 1986).

일반적으로 자신감은 내면적인 믿음과 외부 환경의 영향을 동시에 받는다. 선수는 과거의 성공 경험과 긍정적인 피드백을 통해 자신감을 얻을 수 있으며, 반대로 반복된 실패와 부정적인 평가로 인해 자신감이 저하될 수도 있다. 자신감은 상황과 개인의 해석에 따라 변할 수 있으며, 고정된 특성이 아니라 학습과 경험을 통해 변화할 수 있는 심리적 요소이다(Bandura, 1997).

스포츠에서 자신감은 단순한 감정이 아니라, 경기력과 수행에 직접적인 영향을 미치는 심리적 자원이다. 자신감이 높은 선수는 경기 중 압박을 효과적으로 견디고, 최상의 경기력을 발휘할 가능성이 높다(Vealey, 2008). 반면, 자신감이 부족한 선수는 경기 중 불안과 두려움을 경험하며, 자신의 기술을 충분히 발휘하지 못할 가능성이 크다.

Vealey(1986)는 스포츠 자신감(Sport Confidence)을 개념화하며, 이를 다음과 같이 정의했다.

스포츠 자신감은 운동선수가 특정한 스포츠 환경에서 자신의 능력을 믿는 정도로, 이는 개인의 성격적 특성, 과거 경험, 환경적 요인 등의 영향을 받는다. 이 개념은 선수 개인의 성격적 요인뿐만 아니라, 코치나 팀원, 경기 환경과 같은 외부 요인도 중요한 영향을 미친다는 점을 강조했다.

2) 자신감과 유사개념

자신감은 자기효능감, 자기개념, 가아존중감, 자기확신 등과 유사개념으로 사용되지만, 조금씩 차이가 있다.

(1) 자기효능감(Self-Efficacy)

자기효능감(Self-Efficacy)이란 특정한 과제나 상황에서 성공적으로 수행할 수 있다는 개인의 신념을 의미한다(Bandura, 1977). 이는 일반적인 자신감(Confidence)과는 달리, 특정한 행동이나 기술 수행에 대한 신념을 강조하며, 학습과 경험을 통해 형성된다.

Bandura(1986)는 자기효능감이 단순한 믿음이 아니라 행동 동기, 지속성, 인지적 노력과 밀접한 관계가 있다고 주장했다. 즉, 자기효능감이 높은 사람일수록 어려운 과제에 도전하고, 실패하더라도 쉽게 포기하지 않으며, 더 나은 수행을 위해 노력할 가능성이 높다.

(2) 자기개념(Self-Concept)

자기개념(Self-Concept)은 개인이 자신에 대해 가지는 전반적인 인식과 평가를 의미하며, 이는 자신감이나 자기효능감보다 더 광범위한 개념이다(Rosenberg, 1979).

자기개념은 단순히 자신에 대한 느낌이 아니라, 자신의 능력, 외모, 성격, 사회적 관계, 정체성 등에 대한 포괄적인 인식을 포함한다(Harter, 1999). 스포츠심리학에서는 선수의 경기력, 동기부여, 심리적 안정성에 중요한 영향을 미치는 요소로 연구되고 있다(Fox, 1990).

(3) 자아존중감(Self-Esteem)

자아존중감이란 개인이 자신을 얼마나 가치 있고 유능한 존재로 평가하는지에 대한 감정적·인지적 평가를 의미한다(Rosenberg, 1965). 이는 자기개념의 일부이며, 개인이 자신의 가치를 긍정적으로 평가할수록 높은 자아존중감을 가진다고 할 수 있다.

스포츠심리학에서는 자아존중감이 선수의 자신감, 동기부여, 경기력, 정신 건강과 밀접한 관련이 있으며, 건강한 자아존중감을 형성하는 것이 매우 중요하다고 본다(Fox, 1990).

(4) 자기확신(Self-Assurance)

자기확신(Self-Assurance)은 자신의 능력, 판단, 가치에 대해 깊은 신뢰를 가지는 심리적 상태를 의미한다. 이는 단순한 자신감과는 조금 다른 개념으로, 외부 환경이나 타인의 평가에 쉽게 흔들리지 않고, 내면에서 우러나오는 강한 신념과 자기 신뢰를 기반으로 한다.

표 8-1 자신감과 유사개념 비교

개념	정의	차이점
자신감 (Confidence)	자신의 능력과 가치를 믿는 일반적인 신념	특정한 상황과 무관하게 전반적인 태도를 반영
자기효능감 (Self-Efficacy)	특정한 과제나 상황에서 성공할 수 있다는 믿음	자신감보다 더 구체적인 개념으로, 특정한 과업 수행과 관련됨
자기개념 (Self-Concept)	자신에 대한 전반적인 인식과 평가	자신감과 달리 자아정체성과 관련됨
자아존중감 (Self-Esteem)	자신에 대한 전반적인 가치 판단	자신감보다 더 광범위한 개념으로, 긍정적 혹은 부정적 자아 평가를 포함
자기확신 (Self-Assurance)	외부 환경의 변화에 흔들리지 않는 심리적 안정성	자신감보다 지속적이며, 강한 신념을 포함

2. 자신감 이론

1) 자기효능감 이론

Bandura(1977)가 제안한 자기효능감이란 특정한 과제를 성공적으로 수행할 수 있다는 개인의 신념을 의미하며, 이는 인간의 동기 부여, 감정 조절, 행동 선택 등에 중요한 영향을 미친다. 스포츠심리학에서는 운동선수의 경기력과 심리적 준비 상태를 결정짓는 핵심 요인 중 하나로 간주된다.

Bandura는 자기효능감을 특정한 과제나 상황에 대한 개인의 신념으로 정의하며, 단순히 '일반적인 자신감'과는 구별해야 한다고 강조했다. 예를 들어, 한 운동선수가 전반적으로 자신감이 높더라도 특정 기술(자유투, 서브)에 대해 자기효능감이 낮다면, 해당 기술을 수행하는 과정에서 불안감이 증가할 수 있다.

Bandura(1977, 1997)는 자기효능감이 형성되는 데 영향을 미치는 네 가지(성공경험, 대리경험, 언어적 설득, 신체적 · 정서적 상태)들 요소 제시했는데, 이는 4장의 동기에서 설명한 바 있다.

그림 8-1 자기효능감 모델

2) 스포츠 자신감 이론

Vealey(1986)는 자신감을 일반적인 성격 특성으로 보는 기존의 접근법과 달리, 상황적 요소와 개인의 경험이 스포츠 자신감에 영향을 미친다고 보았다. Vealey는 스포츠 자신감이 선수의 경기력과 심리적 안정성에 큰 영향을 미친다고 주장하며, 스포츠 자신감을 '스포츠 상황에서 개인이 자신의 능력을 신뢰하고, 성공적인 수행을 기대하는 정도'로 정의하였다.

즉, 스포츠 자신감은 단순한 일반적 자신감이 아니라, 운동 수행과 관련된 특정한 자신감을 의미한다. Vealey는 스포츠 자신감을 다음과 같이 세 가지로 구분했다.

(1) 특성 스포츠 자신감

개인이 일반적으로 스포츠 상황에서 가지는 안정적인 자신감 수준으로 성격적 특성과 관련이 있으며, 경험이 많고 훈련을 많이 한 선수일수록 높은 경향이 있다. 예를 들어, 어떤 선수는 시합 전 긴장하더라도 평소 경험을 바탕으로 자신감을 유지하게 된다.

(2) 상태 스포츠 자신감

특정 순간이나 상황에서 경험하는 일시적인 자신감으로 특정 경기, 상대팀, 환경 등에 따라 변할 수 있다. 예를 들어, 실내 경기에서는 자신감이 높지만, 야외 경기에서는 낮아지는 선수가 있다.

(3) 경쟁 지향성

개인이 스포츠에서 성공을 어떻게 정의하는지를 나타내는데, 도전적인 목표를 선호하는 선수와, 안전한 목표를 선호하는 선수의 차이를 설명하고 있다.

또한, Vealey는 스포츠 자신감이 형성되고 발현되는 과정을 설명하는 개념 모델을 제안했다. 이 모델에 따르면, 스포츠 자신감은 개인의 성격적 특성, 과거 경험, 환경적 요소에 의해 영향을 받으며, 궁극적으로 수행 결과와 감정적 반응에 영향을 미친다.

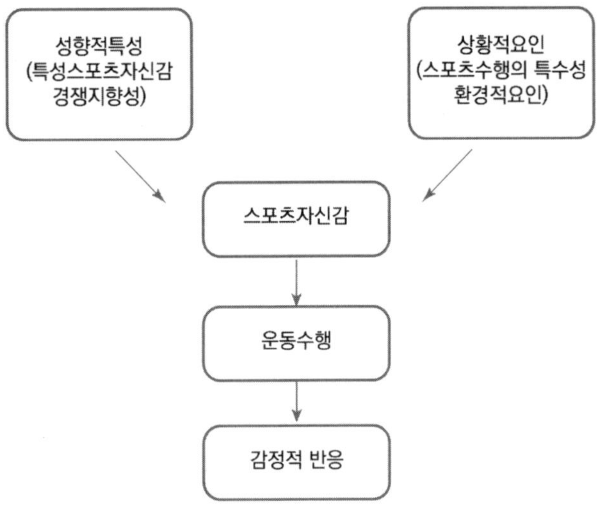

그림 8-2 스포츠 자신감 모델

그림 8-2에서 알 수 있듯이, 성향적 특성과 상황적 요인의 영향을 받아 특정 순간에 경험하는 스포츠 자신감은 스포츠 수행과 감정적 반응에 직접적인 영향을 미치는데, 스포츠자신감이 높을수록 경기력이 향상되고, 수행 결과가 이후의 자신감에도 영향을 줄 수 있으며 스포츠 자신감과 경기 결과가 선수의 감정적 반응에 영향을 미쳐 긍정적인 수행 경험은 자기효능감을 강화하는 반면, 부정적인 경험은 자신감을 저하시킬 수 있다.

3) 유능성 동기 이론

Harter(1978)는 인간이 자신의 유능성을 개발하고자 하는 내재적 동기를 갖고 있다고 주장하며, 유능성 동기 이론(Competence Motivation Theory)을 제안했다. 이 이론은 특히 아동기와 청소년기에서의 유능성 발달 과정을 설명하는 중요한 틀을 제공한다.

Harter는 인간이 새로운 기술을 배우고, 도전적인 목표를 성취하며, 이를 통해 만족감을 얻는 과정에서 동기 부여가 이루어진다고 보았다.

즉, 운동선수나 학생들은 자신의 능력을 향상시키려는 욕구에 의해 행동하며, 성공적인 경험이 지속될수록 유능감이 증가하고, 이는 다시 동기를 강화하는 선순환을 만든다. Harter는 유능성 동기가 다음과 같은 과정으로 형성된다고 설명했다.

(1) 도전적 과제 수행

개인은 스스로 도전적인 과제를 설정하고 이를 수행하려 한다. 예를 들어, 운동선수가 특정 기술을 익히기 위해 반복 연습하는 과정이다.

(2) 성공 경험

도전한 과제를 성공적으로 수행할 경우, 개인의 유능감이 상승한다. 예를 들어, 처음에는 어려웠던 자유투 성공률이 연습을 통해 향상될 때이다.

(3) 사회적 인정 및 피드백

부모, 교사, 코치, 친구 등의 피드백이 유능성 동기에 영향을 미친다. 예를 들어, 코치가 "너의 슛이 정말 좋아졌어!"라고 격려하면, 선수의 유능성 동기가 강화된다.

(4) 감정적 반응

성공 경험이 반복되면 긍정적인 감정(자부심, 만족감)이 강화되는 반면, 실패가 반복되면 부정적인 감정(불안, 좌절감)이 증가할 수 있다.

(5) 미래 도전 의지

앞선 경험이 미래의 동기에 영향을 미쳐 추가적인 도전을 시도하게 된다. 예를 들어, 한 선수가 경기에서 좋은 성적을 내면, 이후 더 어려운 목표를 설정하려는 동기가 생기게 된다.

결론적으로, 운동선수들은 자신의 실력을 향상시키기 위해 지속적으로 연습하며, 이를 통해 유능감을 키워야 한다. 높은 유능성 동기를 가진 선수는 실패에도 불구하고 지속적으로 도전하고, 연습을 반복하며, 목표를 스스로 설정하고, 내적 동기가 강한 반면, 낮은 유능성 동기를 가진 선수는 실패를 경험하면 쉽게 포기하며, 도전 의지가 약하고, 외적 보상(메달, 상금)에 의해 동기가 좌우될 가능성이 높다.

3. 지도자를 위한 자신감 코칭 전략

스포츠에서 지도자의 역할은 선수의 자신감 형성에 매우 중요하다. 지도자의 코칭 스타일, 피드백 방식, 대화법이 선수의 심리적 상태에 큰 영향을 미친다. 긍정적인 코칭은 선수의 자기효능감과 스포츠 자신감을 높이는 데 도움을 준다.

Vealey(1986)의 연구에 따르면, 지도자는 선수의 스포츠 자신감을 구축하는 주요 원천이 된다. 따라서, 지도자가 효과적인 코칭 전략을 사용하면 선수들의 경기력과 심리적 안정이 향상될 수 있다.

1) 성공 경험을 제공하여 자신감 형성

Bandura(1977)의 자기효능감 이론에 따르면, 선수들은 성공 경험을 통해 자신감을 키울 수 있다. 지도자는 단계별 목표를 설정하여 선수들이 성공을 경험할 수 있도록 도와야 한다.

작은 성공을 반복적으로 경험하게 하여 자신감의 기초를 형성하고, 난이도를 점진적으로 높이는 단계적 훈련을 적용하며, 실패보다는 성취한 부분을 강조하여 성공 경험을 극대화시키는 것이 중요하다.

2) 긍정적 피드백과 코칭 언어 사용

Vealey(1986)는 지도자의 피드백이 선수들의 스포츠 자신감에 강력한 영향을 미친다고 주장했다. 구체적이고 긍정적인 피드백은 선수들에게 자신감을 부여한다.

선수의 긍정적인 행동을 발견하고 즉각적인 피드백 제공해 주고, "네가 오늘 훈련한 슈팅은 정말 정확했어!"처럼 구체적인 칭찬을 사용하며, 실수를 했더라도 "이 부분만 개선하면 더 좋아질 거야."라는 방식으로 코칭하는 것이 중요하다.

3) 개별화 지도와 동기부여를 활용한 자신감 코칭 전략

지도자는 개별적인 코칭을 통해 선수의 동기를 높이고 자신감을 향상시킬 수 있다.

(1) 개별화된 목표 설정

자기 설정 목표를 유도하면 동기부여 효과가 커진다(Dweck, 2006). 선수와 함께 목표를 설정하고, 도전적인 과제를 제시해야 한다.

(2) 선수 중심 피드백 제공

선수의 성향에 따라 맞춤형 피드백 제공하고, 자신감이 낮은 선수에게는 실수보다는 잘한 점을 강조하여 긍정적 피드백 제공하고, 자신감이 높은 선수에게는 도전적인 과제를 제시하고 발전 가능성을 강조해야 한다.

(3) 동기 유형에 따른 개별화 지도 적용

내재적 동기가 높은 선수에게는 자기주도적인 훈련을 장려하고, 도전 과제를 부여하고, 연습 자체를 즐길 수 있도록 게임 요소 도입하는 것이 중요하며, 외재적 동기가 높은 선수는 구체적인 보상과 명확한 기대치를 설정하고, 경기 성과에 따른 피드백과 인정을 제공하는 것이 중요하다.

(4) 자율성 부여

선수들이 훈련 방식과 전략을 선택할 수 있는 기회를 제공하면 동기부여가 증가한다(Deci & Ryan, 1985).

(5) 경기 상황에서 자신감 강화

선수에게 개별적인 루틴을 만들게 하여 심리적 안정을 제공하고, 경기 전 긍정적인 이미지 시각화하도록 유도하고, '나는 준비되었고, 충분히 해낼 수 있다.'라는 긍정적 자기 대화를 활용하도록 한다.

4) 효과적인 언어적 설득과 격려

자기효능감 이론에서 언어적 설득은 자신감을 향상시키는 중요한 요소 중 하나이다. 지도자가 선수들에게 긍정적인 피드백을 제공하면 자기효능감과 스포츠 자신감이 증가한다.

언어적 설득이 효과적이려면 신뢰성, 빈도, 구체성, 시의성을 고려해야 하며, 단순한 칭찬보다 구체적이고 실행 가능한 피드백과 격려가 선수의 자신감을 향상시킨다.

따라서, 가식적인 칭찬 보다는 진정성 있는 피드백을 제공하고, 구체적인 내용을 포함하여 칭찬을 해 줘야 하며, 적절한 순간에 제공된 격려가 가장 큰 효과를 발휘한다.

또한, Vealey(1986)와 Bandura(1977)는 언어적 격려가 선수의 동기와 자신감을 증진시킨다고 설명했다. '너라면 할 수 있어!', '이전에도 이런 도전을 해냈잖아!' 등의 긍정적인 암시와 선수의 신념을 강화시키는 것이 중요하며, '이번에는 안 됐지만, 네가 개선할 점을 알게 된 것만으로도 큰 수확이야!' 등의 실패 후에도 자신감을 가질 수 있는 동기부여가 있어야 하고, 팀원들끼리 서로 격려하는 분위기를 만들고, 경기 중 서로를 칭찬하는 습관을 들이는 팀 내 격려 문화를 조성하는게 중요하다.

5) 팀스포츠와 개인스포츠의 코칭 전략

Vealey(1986)의 스포츠 자신감 이론에 따르면, 자신감은 개인적인 경험뿐만 아니라, 환경적 요인(코치, 팀원, 경기 상황)에 의해 영향을 받는다. 따라서, 팀 스포츠와 개인 스포츠에서 자신감을 형성하는 방식과 코칭 전략이 다르게 적용될 필요가 있다.

표 8-2 팀스포츠와 개인스포츠 비교

전략	팀스포츠	개인스포츠
자신감 형성요인	팀원과의 관계, 팀워크, 지도자의 역할	자기 효능감, 심리적 안정성, 경기 루틴
책임분배 방식	팀 내 역할 수행	개인이 모든 경기 결과를 책임
심리적 부담	팀원과의 협력 필요, 팀 성적에 영향	경기 결과에 대한 모든 책임이 개인에게 있음
경기력 향상요소	팀워크, 의사소통, 전략적 플레이	기술적 완성도, 경기 중 집중력
코칭 초점	팀 단위의 목표 설정, 리더십 개발	개인 맞춤형 피드백, 멘탈 관리

Chapter

9

응집력

1. 응집력의 개념

1) 응집력의 정의

응집력(Cohesion)은 집단 구성원들이 공동의 목표를 달성하기 위해 얼마나 서로 결속되어 있는지를 나타내는 개념이다. 이는 스포츠 팀, 직장 조직, 군대, 학습 집단 등 다양한 집단 환경에서 중요한 심리적 요소로 작용한다.

다음은 응집력에 대한 대표적인 학자들의 정의이다.

- 응집력은 개인이 특정 집단에 속하고자 하는 힘의 총합이다(Festinger et al. 1950).
- 응집력은 집단이 공동 목표를 달성하고 집단의 유지성을 높이기 위해 뭉치는 정도이다(Carron et al. 1985).
- 응집력은 집단이 발전하는 과정에서 자연스럽게 형성되는 팀의 결속력이다(Tuckman, 1965).
- 응집력은 팀이 효과적으로 협력하고 팀원 간 신뢰를 형성하는 과정이다(Weinberg & Gould, 2015).

이상의 정의를 종합해 보면, 응집력은 단순한 팀워크가 아니라, 팀이 목표를 달성하기 위해 서로 결속하는 수준을 의미한다. 응집력이 강한 팀은 협력과 상호 신뢰가 강하며, 경기력 향상과 지속적인 성과를 창출할 가능성이 높다.

스포츠 현장에서 응집력이 중요한 이유는 팀원 간 의사소통이 원활해지고, 전략 실행이 효과적으로 이루어지며, 선수 개개인의 동기부여가 증가하며, 팀 성과에 기여하려는 의지가 높아지고, 팀 내 스트레스와 갈등을 해결하는 능력이 향상되며, 위기 상황에서도 단합이 잘 유지되기 때문이다.

응집력이 강한 팀은 패배 후 회복력이 빠르며, 지속적인 발전 가능성이 높다.

2) 응집력의 유형

Carron et al.(1985)는 응집력의 주요 유형을 과제와 사회 측면으로 구분했다. 즉, 팀이 목표를 향해 협력하는 정도(과제 응집력)와 팀원 간의 유대감(사회적 응집력)이 핵심이다.

(1) 과제 응집력

공동 목표 달성을 위해 팀원들이 협력하는 정도를 나타내며, 팀이 경기에서 승리하고 목표를 달성하기 위해 서로 협력하는 정도이다. 전술적 조직력과 역할 수행의 일관성이 있어야 하며, 팀 성과에 대한 헌신과 책임감이 필요하다.

예를 들어, 축구팀이 수비와 공격 전술을 일관되게 수행하는 경우와 농구팀이 경기 중 패스를 원활하게 주고받으며 전술을 효과적으로 실행하는 경우가 여기에 해당한다.

(2) 사회적 응집력

팀원 간의 유대감과 정서적 결속력으로 팀원들이 서로 친밀감을 느끼고 정서적으로 연결되어 있는 정도이다. 팀 내 분위기와 관계의 질이 포함되고, 팀원 간 신뢰와 상호 존중이 필요하다.

예를 들어, 팀원들이 경기 외적으로도 친밀한 관계를 유지하며, 훈련 후 함께 시간을 보내는 경우이다.

(3) 개별 집단 통합

개인이 팀의 목표와 관계에 얼마나 애착을 가지는지를 나타낸다. '나는 우리 팀의 목표를 중요하게 생각하며, 팀의 승리에 기여하고 싶다.'는 등의 과제적 측면과 '나는 우리 팀원들과 어울리는 것이 즐겁다.'는 등의 사회적 측면이 있다.

3) 응집력의 구성 요소

(1) 환경적 요인

팀이 처한 외부 환경과 구조적 조건으로 팀이 작을수록 응집력이 높아질 가능성이 크고(팀 규모), 선수의 계약 기간이 길수록 팀에 대한 애착이 강해질 가능성이 크며, 팀의 가치관과 목표가 명확할수록 응집력이 강화된다.

예를 들어, 소규모 팀(5인제 농구팀)은 대규모 팀(미식축구팀)보다 응집력을 형성하기 쉽다.

(2) 개인적 요인

팀을 구성하는 선수 개개인의 특성과 심리적 특성으로 선수의 성격에서 외향적인 성격을 가진 선수일수록 팀과 쉽게 어울리고, 팀의 목표와 개인의 목표가 일치할수록 응집력이 높아지고, 자신의 역할을 긍정적으로 받아들이는 선수가 많을수록 응집력이 강해진다.

(3) 리더십 요인

코치와 팀 리더의 지도 스타일, 의사소통 방식이 응집력에 직접적인 영향을 미치며, 민주적인 리더십 스타일이 응집력을 높이는 경향이 있다. 또한, 팀 주장과 베테랑 선수의 역할이 중요하다.

(4) 팀 요인

팀의 구조, 목표 설정, 팀원 간 관계가 응집력에 영향을 미치는데, 팀의 목표가 명확하고 모든 팀원이 공유할 때 응집력이 높아지고, 팀 내 역할이 명확할수록 선수들의 응집력이 강해지며, 팀원들이 서로 협력하는 문화가 있을 때 응집력이 강화된다.

2. 사회적 태만과 집단 생산성

1) 사회적 태만

사회적 태만(Social Loafing)이란 집단 활동에서 개인이 혼자일 때보다 노력을 덜 기울이는 현상을 의미한다. 이는 팀 스포츠 및 조직 내 협업 환경에서 발생할 수 있는 중요한 문제로, 응집력과 집단 생산성에 부정적인 영향을 미칠 수 있다.

1913년에 링겔만(Ringelmann)이 사회적 태만 현상을 최초로 연구했기 때문에, 사회적 태만을 링겔만 효과(Ringelmann Effect)라고 부르기도 한다. 링겔만은 사람들이 로프를 당기는 실험에서 혼자 있을 때보다 집단으로 당길 때 개인당 힘이 감소하는 현상이 나타난다고 했다.

표 9-1 사회적 태만 실험 결과

팀크기	예상된 힘 (개인 100%기준)	실제 발휘된 힘	개인당 감소비율
1명	100 %	100%	0%
2명	200%	186%	-7%
3명	300%	250%	-17%
8명	800%	392%	-51%

▶ **사회적 태만이 발생하는 원인**

- 책임 분산 : "내가 안 해도 다른 사람이 하겠지."
- 개인의 기여도 불분명 : 개인의 노력 수준을 평가하기 어려울 때 태만이 증가
- 집단 크기 증가 : 팀 규모가 커질수록 개개인의 노력 감소 가능성이 커짐
- 보상의 불공정성 : 팀원 중 일부가 노력을 덜 기울이면, 다른 팀원들도 노력 감소

또한, Hardy & Latane(1986)는 치어리더들을 대상으로 한 연구에서 소규모 팀에서는 각자의 노력 수준이 높았지만, 팀원이 많아질수록 사회적 태만이 증가하는 현상을 발견했다

▶ **사회적 태만이 스포츠에서 미치는 영향**

- 팀 스포츠에서 팀원 간의 책임 분산으로 인해 개인의 헌신도가 낮아질 가능성이 있음
- 팀이 응집력이 낮으면 사회적 태만이 더 심해질 가능성이 높음
- 개인의 노력이 충분히 인식되지 않는 환경에서는 선수들이 덜 적극적으로 플레이할 가능성이 있음

따라서, 사회적 태만을 방지하는 방법으로 첫째, 개별 기여도를 명확하게 측정하고 둘째, 작은 그룹으로 나누어 책임을 강화하며 셋째, 동기부여 전략을 적용(보상 체계 구축)하고 넷째, 응집력을 강화(팀워크 훈련) 시키는 것이 중요하다.

2) 집단 생산성

집단 생산성(Group Productivity)이란 팀 또는 조직이 공동 목표를 달성하는 데 있어서 발휘하는 총체적 능력을 의미한다. Steiner(1972)는 집단 생산성이 팀원 간의 상호작용에 의해 결정된다고 주장하고, 그는 '집단 생산성은 잠재적 생산성에서 집단 과정 손실을 뺀 값이다'라고 설명했다.

실제 생산성 = 잠재적 생산성 − 과정 손실

(1) 잠재적 생산성

잠재적 생산성이란 이론적으로 팀이 최고의 경기력을 발휘할 수 있는 수준을 의미한다. 팀을 구성하는 선수들의 개인 기술 수준, 팀이 사용하는 전술과 전략의 이해 수준, 연습과 훈련을 통해 팀이 얼마나 조직적으로 움직이는지 등을 잠재적 생산성에 영향을 미치는 요소로 보고 있다.

따라서 Steiner는 잠재적 생산성을 최대로 발휘하려면 과정 손실을 줄여야 한다고 주장했다.

(2) 과정 손실

집단 내에서 발생하는 비효율적인 요소들이 생산성을 감소시키는 요인이다. 필요한 환경에서 팀원 간의 협력과 조정이 원활하지 않을 때 발생하는 조정 손실, 팀원들이 최선을 다하지 않을 때 발생하는 동기 손실과 집단의 크기가 여기에 해당한다.

표 9-2 과정손실의 유형(Steiner, 1972)

유형	설명	예시
조정손실	팀원 간 역할 조정이 부족하여 효율성이 떨어짐	패스 타이밍이 맞지 않아 득점 기회를 놓침
동기손실	팀원들이 개인적으로 덜 노력하는 현상(사회적 태만 포함)	수비를 게을리하는 선수 발생
집단 크기 효과	팀이 커질수록 개별 기여도 감소	5명 팀보다 10명 팀에서 개인 기여가 줄어듦

따라서, 과정 손실을 줄이기 위해서는 팀 내 역할 명확화 및 역할 수행 강조하고, 전술 공유 및 경기 중 피드백 활성화를 통해 효과적인 의사소통을 하며, 선수별 기여도를 측정화를 통해 가시화하는 것이 필요하다.

3) 사회적 태만과 집단 생산성의 관계

사회적 태만은 집단 생산성을 저하시킬 수 있다. Latane et al.(1979)의 연구에 따르면, 사회적 태만이 높아지면 팀 내 과정 손실이 증가하여 집단 생산성이 감소한다고 했다.

팀이 크거나 개인의 기여도가 불분명할수록 개인의 노력이 저하되고, 경기력에 부정적인 영향을 미칠 가능성이 크고, 응집력이 높은 팀은 사회적 태만을 최소화하여 집단 생산성을 극대화할 가능성이 크다.

또한, Carron et al.(1985)의 연구 결과에 따르면, 응집력이 강한 팀은 책임감을 높이고 팀워크를 강화하여 집단 생산성을 극대화하는 반면, 응집력이 낮은 팀에서는 사회적 태만이 증가하여 경기력이 저하될 가능성이 높다고 했다.

결론적으로, 사회적 태만과 집단 생산성은 응집력과 밀접한 관련이 있다.

사회적 태만이 발생하면 팀 내 개별 선수들의 노력 감소되고 팀워크 저하되어 경기력 저하로 이어질 수 있다. 집단 생산성을 극대화하려면 개별 선수의 역할 명확화, 응집력 강화, 효과적인 피드백 시스템 구축이 필요하다.

3. 응집력 향상 전략

Carron & Hausenblas(1998) 및 Weinberg & Gould(2015)의 연구에 기반하여, 효과적인 응집력 향상 전략을 다음과 같이 정리했다.

1) 공동 목표설정

공통의 목표를 설정하면 팀원들이 같은 방향을 바라보며 협력할 수 있다. 단기 목표(다음 경기 승리)와 장기 목표(리그 우승)를 명확하게 설정하고, 팀원과 함께 목표를 설정하여 팀의 목표에 대한 동기 부여를 강화하고, 목표 달성을 위한 단계별 계획 수립하는 것이 중요하다.

2) 팀 내 역할 명확화

팀 내 각 선수의 역할이 명확해야 팀의 응집력이 높아질 수 있다. 각 선수의 역할을 명확하게 정의하여 책임감 부여하고, 개별 선수의 강점에 맞는 역할을 배정하고, 팀원들이 서로의 역할을 이해하고 존중하도록 교육해야 한다.

3) 팀 빌딩 프로그램 도입

팀원 간의 신뢰와 협력을 강화하는 활동을 진행하면 응집력이 향상된다. 스포츠 외적인 활동(단체 여행, 팀 워크숍)을 실시하고, 협동 훈련(2인 1조 연습, 전술 훈련)을 강화하며, 팀원 간의 유대감을 높이는 비공식적 미팅을 자주 진행한다.

4) 효과적인 의사소통 체계 구축

팀원들 간의 원활한 의사소통이 응집력 향상의 핵심 요소이다. 경기 전/후 팀 미팅을 진행하여 팀원 간 피드백을 제공하고, 경기 중 명확한 지시를 내릴 수 있도록 훈련하고, 팀 내에서 비판적인 피드백도 건설적으로 받아들이는 문화를 조성해야 한다.

5) 팀 문화 및 규범 형성

응집력이 강한 팀은 공통의 가치와 문화를 공유하며, 팀 내 규범이 확립되어 있다. 팀 내 행동 규칙을 설정하여 팀워크를 강조하고, 팀 내 갈등이 발생할 경우, 이를 해결하는 시스템을 마련하고, 팀원 간 존중과 신뢰를 강화하는 문화를 조성해야 한다.

6) 리더십을 활용한 응집력 강화

코치와 주장의 역할이 팀 응집력을 결정하는 중요한 요소이다. 코치는 개별 선수에게 맞춤형 피드백을 제공하고, 주장은 팀원 간의 갈등을 조정하고, 동기부여 역할을 수행하며, 팀 내에서 자연스럽게 리더십을 발휘할 기회를 제공해야 한다.

결론적으로, 응집력 향상 전략은 팀의 경기력과 선수들의 심리적 안정을 높이는 핵심적인 요소이다. 공동 목표 설정, 팀 빌딩 활동, 역할 명확화, 의사소통 강화, 긍정적 팀 문화 조성, 효과적인 리더십 활용이 응집력 강화의 핵심 전략이다.

이러한 전략을 효과적으로 적용하면 팀워크가 향상되고, 경기에서 최상의 성과를 낼 가능성이 커진다.

Chapter

10

사회적 촉진

1. 사회적 촉진의 개념

1) 사회적 촉진의 정의

사회적 촉진(Social Facilitation)은 타인의 존재가 개인의 수행에 미치는 영향을 설명하는 개념이다. 즉, 관중, 동료, 경쟁자가 있을 때 개인의 경기력이나 운동 수행이 변화하는 현상을 의미한다. 이는 스포츠 경기뿐만 아니라 일상적인 운동 수행, 학습, 직장 환경 등 다양한 상황에서 적용될 수 있다.

따라서, 타인의 존재가 수행 향상을 유발할 수도 있고(사회적 촉진), 수행 저하를 초래할 수도 있으며(사회적 억제), 수행의 변화는 개인의 과제 숙련도와 각성 수준에 따라 달라진다. 다음은 사회적 촉진을 연구한 대표적인 학자들의 정의이다.

- 타인의 존재는 개인의 수행을 향상시킬 수 있다(Triplett, 1898).
- 타인의 존재는 단순한 신체적 활동뿐만 아니라, 인지적 과제 수행에도 영향을 미친다(Allport, 1920).
- 타인의 존재는 개인의 각성 수준을 높이며, 익숙한 과제에서는 수행이 향상되고, 어려운 과제에서는 수행이 저하된다(Zajonc, 1965).
- 타인의 존재 그 자체보다, 평가받을 것이라는 인식이 수행을 촉진하거나 저해할 수 있다(Cottrell, 1972).
- 사회적 촉진 효과는 과제의 난이도와 개인의 숙련도에 따라 다르게 나타난다(Bond & Titus, 1983).

2) 트리플렛(Triplett)의 실험

트리플렛(Triplett, 1898)은 최초로 사회적 촉진 개념을 실험적으로 연구한 심리학자이다. 그는 타인의 존재가 개인의 수행에 미치는 영향을 탐구하기 위해 자전거 경주 데이터를 분석했다.

트리플렛은 당시의 사이클 경기 기록을 분석하면서 흥미로운 현상을 발견했다. 선수들이 혼자 타는 경우보다, 다른 사람과 함께 경주할 때 속도가 더 빨라지는 경향이 있었다. 그는 이를 사회적 요인이 개인의 수행을 촉진할 수 있다는 가설로 설정했다.

연구 결과, 경쟁자가 있을 때 속도가 빨라지는 현상을 발견했는데, 혼자 경기하는 경우 평균 속도가 가장 낮았으며, 같이 타는 선수가 있는 경우는 혼자 탈 때보다 속도가 다소 증가하였으며, 경쟁자가 있는 경우는 속도가 가장 빠르게 나타났다. 즉, 경쟁 상대가 있을 때 선수들의 자전거 속도가 현저히 증가했다.

트리플렛은 이를 '사회적 촉진'의 초기 증거로 제시하고, 경쟁의 존재가 운동 수행을 촉진할 수 있고, 타인의 존재 자체가 개인의 에너지를 끌어올리는 요인이 될 수 있으며, 타인이 단순히 존재하는 것보다, 실제 경쟁을 벌일 때 수행 향상 효과가 더욱 커지는 것을 발견했다.

트리플렛의 연구는 타인의 존재가 운동 수행에 미치는 영향을 연구하는 스포츠 심리학의 출발점을 제공했으며, 이후 Zajonc(1965)의 드라이브 이론(Drive Theory), Cottrell(1972)의 평가 우려 가설(Evaluation Apprehension Theory) 등의 이론 발전에 영향을 미쳤다.

3) 올포트(Allport)의 사회적 촉진 개념 확립

자전거 경주 실험을 통해 경쟁자의 존재가 수행을 향상시킨다는 사실을 발견한 트리플렛의 연구는 운동 수행(신체적 과제)에 국한되어 있었으며, 일반적인 인지적 수행에 대한 연구는 부족했다. 올포트(Allport, 1920)는 이러한 한계를 확장하여, 신체적 수행뿐만 아니라 인지적 수행에서도 사회적 촉진이 발생할 수 있음을 주장했다.

올포트는 개인이 혼자 작업할 때와 다른 사람이 있을 때의 수행 차이를 실험적으로 연구했다. 대학생을 대상으로 단어 연상 과제, 간단한 수학 문제 해결, 논리적 추론의 인지적 과제를 제시하고 실험한 결과는 다음과 같다.

- 참가자들이 다른 사람이 있는 상황에서 단어 연상, 수학 문제 해결 속도가 증가했다.
- 논리적 추론과 같은 복잡한 과제에서는 일부 참가자가 수행 저하를 경험했다.

즉, 올포트의 실험은 단순한 운동 수행뿐만 아니라, '생각하는 과제'에서도 사회적 촉진 효과가 나타날 수 있음을 입증했다. 타인의 존재가 단순한 신체 활동뿐만 아니라, 인지적 수행에도 영향을 미치며, 타인의 존재는 단순 과제에서는 수행을 향상시키지만, 어려운 과제에서는 수행을 저하시킬 수도 있다는 결과를 얻었다. 이는 이후 Zajonc(1965)의 드라이브 이론(Drive Theory) 발전에 기여했다.

2. 사회적 촉진의 주요 이론

1) 드라이브 이론(Drive Theory)

Zajonc(1965)는 사회적 촉진 현상을 설명하기 위해 드라이브 이론(Drive Theory)을 제안했다. 드라이브 이론은 타인의 존재가 개인의 각성 수준을 증가시키며, 이로 인해 익숙한 과제는 수행이 향상되고, 익숙하지 않은 과제는 수행이 저하된다고 했다. 즉, 타인의 존재가 개인의 수행을 단순히 향상시키는 것이 아니라, 과제의 난이도와 개인의 숙련도에 따라 수행 결과가 달라질 수 있다고 했다.

수행 = 습관적 반응 × 각성 수준

위 공식은 드라이브 이론의 핵심 공식으로 타인의 존재로 인해 각성이 높아질 때, 수행자의 습관적 반응이 결정적인 역할을 한다. 즉, 숙련된 과제(쉬운 과제)에서는 각성이 수행을 촉진하지만, 낯선 과제(어려운 과제)에서는 각성이 수행을 방해한다.

또한, Zajonc(1965)는 타인의 존재가 수행에 미치는 영향을 설명하기 위해 세 가지 주요 가설을 제안했다.

(1) 타인의 존재가 각성을 증가시킨다.

타인의 존재는 자극을 증가시키며, 이에 따라 개인의 자극 민감성이 증가한다. 운동선수가 혼자 연습할 때보다 관중 앞에서 운동할 때 더 긴장하는 현상과 도서관에서 혼자 공부할 때보다 친구들과 함께 공부할 때 더 집중하는 경우가 여기에 해당한다.

(2) 익숙한 과제에서는 수행이 향상된다.

익숙한 또는 자동화된 과제는 이미 잘 훈련된 행동이라서 타인의 존재가 더 높은 각성 상태를 촉진할 경우 수행이 향상된다. 예를 들어, 프로 농구 선수는 관중 앞에서 슛을 더 잘할 수 있다.

(3) 익숙하지 않은 과제에서는 수행이 저하된다.

낯선 과제나 새로운 행동을 수행할 때 타인의 존재는 과도한 각성을 초래할 수 있고, 이로 인해 실수가 많아지고 수행이 저하될 수 있다. 예를 들어, 골프 초보자는 관중 앞에서 긴장감 때문에 실수가 늘어날 수 있다.

2) 평가 우려 가설(Evaluation Apprehension Theory)

Cottrell(1972)은 Zajonc의 드라이브 이론을 수정하여, 사회적 촉진 현상이 단순한 타인의 존재 때문이 아니라 평가받는다는 인식 때문이라고 주장했다. 즉, 단순히 다른 사람이 주변에 있는 것만으로 수행이 변화하는 것이 아니라, 평가를 받을 때 수행이 변한다는 것이다.

Cottrell은 참가자들이 단어 인식 과제를 수행하는 동안, 주변 환경을 조작하여 수행 차이를 측정했다. 실험 결과, 단순한 타인의 존재 조건에서는 수행 변화가 없었지만, 평가자의 존재 조건에서 수행이 향상(사회적 촉진 효과 발생)되는 것을 알 수 있었다.

따라서, 단순한 타인의 존재가 아니라 평가받을 것이라는 인식이 수행 향상의 주요 원인으로, 사회적 촉진은 단순한 생리적 각성 때문이 아니라, 사회적 학습과 심리적 기대에 의해 발생한다고 했다.

하지만, 평가 우려 가설은 수행이 반드시 향상되는 것이 아니라, 수행이 저하될 수도 있음을 설명한다. 쉬운 과제에서 평가 우려가 동기 부여 역할을 하여 수행이 향상되지만, 어려운 과제에서는 평가 우려가 긴장을 유발하여 수행 저하된다. 즉, 평가 우려는 사회적 촉진과 사회적 억제 모두를 설명할 수 있는 개념이다.

3) 주의 분산 가설

주의 분산 가설은 다른 사람의 존재가 수행자의 주의를 분산시키면서 수행에 영향을 미친다는 개념이다. 타인의 존재로 인해 주의가 과제와 사회적 자극(주변 사람들) 사이에서 나뉘게 되고, 이러한 주의 분산이 각성을 증가시켜 수행에 긍정적 혹은 부정적 영향을 줄 수 있다는 것이다.

샌더스와 동료들(Sanders et al., 1978)은 실험 참가자들에게 쉬운 과제(단순한 숫자 더하기)와 어려운 과제(복잡한 수열 문제)를 수행하도록 했다.

두 조건에서 참가자들은 혼자 수행하는 경우와 다른 사람이 지켜보는 경우로 나뉘어 실험한 결과, 쉬운 과제에서는 타인이 있을 때 수행 속도가 향상되었지만(사회적 촉진 효과), 어려운 과제에서는 타인이 있을 때 실수가 증가했다(사회적 저하 효과). 즉, 타인의 존재가 수행자의 주의를 분산시키면서 과제 난이도에 따라 수행 결과가 달라짐을 확인했다.

주의 분산 가설을 더욱 정교화한 바론(Baron, 1986)은 그의 연구에서, 수행자는 타인의 존재로 인해 두 가지(사회적 비교, 과제난이도) 인지적 부담을 경험한다고 주장했다. 즉, 타인의 존재가 항상 긍정적인 것이 아니라, 주어진 과제의 난이도와 수행자의 숙련도에 따라 달라진다고 했다.

따라서, 주의 분산 가설은 단순히 타인의 존재가 각성을 증가시키는 것이 아니라, 타인의 존재가 수행자의 주의를 과제와 타인(사회적 자극) 사이에서 분산시킨다고 본다. 주의가 분산되면 인지적 부담이 증가하여, 과제가 쉬운 경우에는 수행이 향상되지만, 과제가 어려운 경우에는 수행이 저하된다.

스포츠 현장에서는 선수의 숙련도, 과제의 난이도, 주의 집중 요구 정도에 따라 타인의 존재가 긍정적 혹은 부정적 영향을 미칠 수 있다. 이러한 이론적 배경을 바탕으로, 선수들에게 적절한 심리적 전략(집중력 훈련, 루틴 개발 등)을 적용하면 경기력 향상에 기여할 수 있다.

표 10-1 사회적촉진 이론 비교

유형	주의개념	수행에 미치는 영향
단순 존재 가설 (Zajonc, 1965)	타인이 단순히 존재하는 것만으로 수행자의 각성이 증가하여 쉬운 과제에서는 수행이 향상되고, 어려운 과제에서는 수행이 저하됨	쉬운 과제: 수행 향상 어려운 과제: 수행 저하
평가 우려 가설 (Cottrell, 1972)	타인의 존재뿐만 아니라, 타인이 자신을 평가할 가능성이 있을 때 수행자의 각성이 증가하여 사회적 촉진 또는 억제가 발생함	평가 가능성이 높을 때 수행에 더 큰 영향을 미침
주의 분산 가설 (Baron, 1986)	타인의 존재가 수행자의 주의를 과제와 타인 사이에 분산시키며, 이로 인해 인지적 갈등이 발생하여 수행에 영향을 미침	주의가 분산될 경우 수행이 저하되며, 과제 난이도에 따라 영향이 달라짐

4) 사회적 촉진 효과의 실증적 검토(메타분석 연구)

Bond & Titus(1983)의 연구는 사회적 촉진 현상이 단순한 개념적 가설이 아니라 실험적 연구에서도 반복적으로 나타나는지 검증하는 것을 목표로 했다. 이 연구는 약 241개의 실험 연구(총 12,000명 이상의 참가자)를 분석하여, 사회적 촉진 이론이 실제 연구들에서 얼마나 일관된 패턴을 보이는지 평가했다.

연구자들은 특히 과제 난이도, 개인의 숙련도, 그리고 수행 환경이 사회적 촉진에 미치는 영향을 중점적으로 분석했다. 주요 연구 결과는 다음과 같다.

(1) 사회적 촉진 효과의 일반적 패턴

전체적으로, 타인의 존재는 수행자의 수행에 유의미한 영향을 미친다는 결과를 확인했다. 쉬운 과제에서는 수행이 향상(사회적 촉진 효과)되었고, 어려운 과제에서는 수행이 저하(사회적 억제 효과)되었다. 또한, 사회적 촉진 효과는 일반적인 경향성을 보이며, 개별 실험 연구들에서도 일관되게 나타났다.

(2) 과제 난이도에 따른 차이

쉬운 과제는 타인의 존재가 수행 향상을 촉진하지만, 어려운 과제는 타인의 존재가 수행을 방해하는 것으로 나타났다.

(3) 숙련도에 따른 차이

숙련된 운동선수는 관중이 있을 때 사회적 촉진 효과가 더욱 강해져 더 좋은 성과를 내는 경향이 있지만, 초보자는 타인의 존재로 인해 긴장하고 실수를 범할 가능성이 높아진다.

(4) 수행 평가 가능성에 따른 차이

타인의 존재만 있을 때(단순 존재 조건)는 효과는 있지만 강하지 않으며, 타인이 수행을 평가할 가능성이 있을 때는 사회적 촉진 효과가 더욱 강하게 나타난다. 특히, 자기 효능감이 낮은 사람들은 평가를 받을 때 수행이 더욱 저하된다.

(5) 실험 환경의 차이

제한된 환경에서는 사회적 촉진 효과가 덜 강할 수 있지만, 현실 환경 사회적 촉진 효과가 더 강하게 나타난다. 즉, 실제 경기, 시험, 공연 등의 상황에서 더 강한 효과가 확인된다.

결론적으로, Bond & Titus(1983)의 메타분석 연구는 사회적 촉진 효과가 단순한 가설이 아니라 실험적으로도 강하게 뒷받침된다는 점을 확인했다. 특히, 숙련된 선수는 경기 중 관중이 많을수록 더 높은 수행력을 발휘할 가능성이 크지만, 초보자는 타인의 존재로 인해 불안이 증가하면서 수행이 저하될 수 있다. 따라서, 코치와 트레이너는 선수들의 숙련도를 고려하여 적절한 경기 환경을 조성하는 것이 중요하다.

3. 사회적 촉진과 스포츠수행의 관계

1) 관중의 역할

관중은 스포츠 경기에서 선수의 심리적 상태와 경기력에 중요한 영향을 미친다. 관중의 응원 방식과 태도에 따라 사회적 촉진 효과가 달라지며, 이는 적극적 관중과 소극적 관중으로 구분될 수 있다.

적극적 관중은 선수들에게 직접적인 피드백(응원, 야유, 함성 등)을 제공하는 관중, 소리치거나 노래를 부르며 팀을 응원하는 팬들, 또는 특정 선수에게 심리적 압박을 가하는 관중을 말한다. 이는 선수들의 경기력 향상뿐만 아니라 심리적 부담도 동시에 증가시킬 수 있다는 것이 특징이다.

선수들이 익숙한 기술을 수행할 때 관중의 존재가 경기력을 더욱 향상되고, 홈 어드밴티지 효과와 팬들의 열정적인 응원이 선수들의 자기 효능감을 증가시킨다는 긍정적 효과가 있지만, 경험이 적거나 심리적으로 약한 선수들은 적극적인 관중의 압박으로 인해 경기력이 저하될 가능성이 있고, 심리적 위축과 부정적 감정 유발하는 부정적 효과가 나타날 수 있다.

소극적 관중은 경기 중 적극적으로 응원하지 않고 조용히 경기를 관람하는 관중으로 관중이 적극적으로 개입하지 않기 때문에 선수들에게 심리적 부담이 적고, 평가 불안이 감소하는 효과가 있다(Cottrell, 1972).

선수들이 과도한 긴장 없이 경기에 집중할 수 있고, 관중이 평가자의 역할을 하지 않기 때문에 선수들이 더 자연스럽게 경기력을 발휘할 수 있는 장점이 있지만, 경기 분위기가 너무 조용하면 선수들이 동기부여를 받지 못하고, 경기력이 기대만큼 상승하지 않을 수 있으며, 홈 어드밴티지가 약해지며, 홈팀 선수들이 심리적 상승 효과를 받기 어려운 단점이 있다.

2) 개인 스포츠와 팀 스포츠

개인 스포츠에서는 선수 혼자 경기를 책임지므로 관중, 경쟁자, 심판 및 코치의 피드백 등이 경기력에 직접적인 영향을 미친다. 팀 스포츠에서는 사회적 촉진이 선수 개인뿐만 아니라 팀 전체의 분위기와 경기력에도 영향을 미치기 때문에 팀워크, 집단 응집력, 팀원 간의 상호작용이 중요한 요인으로 작용한다.

개인 스포츠 선수들은 경기 중 관중의 존재로 인해 심리적 부담을 크게 느껴, 팀원 없이 자신의 실력만으로 승부가 결정되기 때문에 심리적 부담이 크다는 것이 특징이다.

팀 스포츠에서는 개인의 기량뿐만 아니라 팀의 조직력과 협력 수준이 경기력에 큰 영향을 미친다. 또한, 홈 어드밴티지 효과가 강하게 나타나기 때문에, 팀 스포츠에서는 관중이 많은 홈경기에서 승률이 높다(Schwartz & Barsky, 1977)는 결과가 있다.

표 10-2 개인 스포츠 vs 팀 스포츠 사회적 촉진 비교

구분	개인스포츠	팀스포츠
관중효과	개별 선수의 집중력과 심리적 부담에 영향	팀 전체 사기와 조직력에 영향
경쟁자효과	경쟁자의 존재가 직접적인 동기부여 제공	팀워크와 협력이 경기력 향상에 중요한 요소
심리적부담	평가 불안과 긴장감이 경기력에 직접 영향	팀원과의 신뢰가 경기력 유지에 도움
훈련방식	개인 루틴 및 심리 기술 훈련이 중요	팀워크와 전술적 훈련이 중요

3) 응원과 야유

Zajonc(1965)는 스포츠 경기에서 관중의 응원은 선수들에게 동기부여를 제공하고, 자신감과 각성을 증가시켜 경기력을 향상시키는 데 기여할 수 있다고 했다.

응원과 같은 긍정적인 피드백은 개인이 자신의 능력을 신뢰하는 데 도움을 주기 때문에 자기 효능감이 증가되고, 선수의 심리적 각성을 적절한 수준으로 유지시키며, 최적의 경기력을 발휘하도록 도움을 주고(Yerkes & Dodson, 1908), 팀 스포츠에서 관중의 응원은 팀원 간의 유대감을 강화하여 협력을 촉진할 수 있다(Carron, 1982).

반대로, 관중의 야유는 사회적 촉진과는 반대의 영향을 미칠 수 있다. 특히 수행자가 불안감이나 압박을 느끼면 사회적 억제 현상이 나타날 수 있다(Zajonc, 1965). 선수들에게 불안과 긴장을 증가시키고, 주의 집중을 방해하며, 선수의 자신감을 떨어뜨리고 경기력을 저하시킬 수 있다.

4) 프로 선수와 아마추어 선수

프로 선수들은 반복적인 훈련과 경기 경험을 통해 기술이 자동화 되어 있기 때문에, 관중의 존재가 긍정적인 영향을 미치는 경우가 많다. 프로 선수들은 대규모 관중 앞에서 경기하는 데 익숙하며, 평가에 대한 두려움보다 관중의 응원을 동기부여 요소로 잘 활용하기 때문에, 큰 무대에서 더 높은 경기력을 발휘하는 경우가 많다.

하지만, 아마추어 선수들은 기술이 완전히 자동화되지 않았고, 심리적 압박을 관리하는 경험이 부족하기 때문에, 관중의 존재가 오히려 부정적인 영향을 미칠 수도 있다.

아마추어 선수들은 관중의 시선을 부담스럽게 느끼고 불안을 경험할 가능성이 높고, 집중력이 흐트러질 가능성이 크며, 긴장으로 인해 실수가 증가할 가능성이 있다.

Chapter

11

공격성

1. 공격성의 개념

1) 공격성의 정의

공격성은 일반적으로 타인에게 신체적 또는 심리적 피해를 주려는 의도를 가진 행동으로 정의한다. 이는 스포츠 상황에서 선수들 간의 신체적 충돌이나 언어적 갈등 등 다양한 형태로 나타날 수 있다.

공격성의 주요 특징은 다음과 같다.

- 행동성 : 공격성은 태도나 감정이 아닌 실제로 나타나는 행동을 의미한다.
- 의도성 : 상대에게 피해를 주려는 의도가 포함되며, 우발적인 사고로 인한 피해는 공격성으로 간주되지 않는다.
- 피해 대상 : 공격성은 살아 있는 대상에게 향하며, 신체적 또는 심리적 피해를 초래한다.

또한, 공격성의 유형은 다음과 같이 구분된다.

- 적대적 공격성 : 분노와 같은 감정에 의해 촉발되며, 상대에게 고통이나 상처를 주는 것이 목적이다.
- 도구적 공격성 : 특정 목표를 달성하기 위한 공격성으로, 경기에서 승리하기 위해 의도적으로 반칙을 하는 경우이다.

2) 공격성과 경쟁심의 차이

스포츠에서 공격성과 경쟁심은 모두 경기 중 선수들의 행동을 설명하는 개념이지만 본질적으로 다르다. 공격성은 상대에게 피해를 주려는 의도를 포함하는 반면, 경쟁심은 자신의 목표를 달성하기 위한 긍정적인 동기로 작용한다.

공격성과 경쟁심의 개념적 차이는 다음의 표 11-1과 같다.

표 11-1 공격성과 경쟁심의 차이

구분	공격성	경쟁심
정의	타인에게 신체적 또는 심리적 피해를 주려는 의도를 가진 행동	자신의 목표 달성을 위해 최선을 다하는 태도
의도	상대를 해치거나 방해하려는 목적 포함	자신이 더 나은 성과를 내기 위한 동기
행동유형	신체적 또는 언어적 폭력, 불필요한 반칙 등	전략적 플레이, 훈련 노력, 동기부여
결과	부정적인 감정 (분노, 좌절) 유발 가능	긍정적인 성과 향상과 동기 부여

스포츠 현장에서 발생하는 공격성을 살펴보면, 농구 경기에서 의도적으로 상대 선수를 밀어 넘어뜨리는 행동이나, 심판의 판정에 불만을 품고 과격한 언어를 사용하는 경우, 축구 경기 중 고의적인 태클로 상대 선수를 부상시키려는 행위 등이 있다.

경쟁심은 경기에서 승리하기 위해 집중력을 높이고 전략적으로 플레이하는 행동이나 라이벌 팀과의 경기에서 최선을 다해 경기력을 발휘하는 태도, 훈련 중 자신의 한계를 극복하기 위해 노력하는 자세 등이 대표적인 사례이다.

따라서, 공격성은 종종 좌절감, 스트레스, 분노 등의 감정에서 비롯되며, 상대에게 해를 끼치는 행동으로 이어질 수 있으며, 경쟁심은 자기계발과 목표 달성을 위한 긍정적인 요소로 작용하며, 동기부여와 성과 향상에 기여할 수 있다.

2. 공격성 이론

1) 본능이론

공격성에 대한 본능이론은 인간의 공격성이 선천적이고 본능적인 충동에서 비롯된다는 관점을 제시한다. 이 이론은 인간이 태어날 때부터 공격성을 지니고 있으며, 이는 자연스러운 생존 전략으로 작용한다고 설명한다.

즉, 공격성은 학습된 행동이 아닌, 인간의 본능적인 충동으로 간주되며, 공격성은 시간이 지남에 따라 축적되는 에너지로, 적절한 방출구를 찾지 못하면 폭발적으로 표출될 수 있다는 것이다.

프로이트는 인간에게 삶의 본능인 '에로스(Eros)'와 죽음의 본능인 '타나토스(Thanatos)'가 존재하며, 공격성은 타나토스에서 비롯된다고 주장했으며, 로렌츠(K. Lorenz)는 동물행동학적 관점에서 공격성이 종의 생존과 번식을 위한 본능적 행동이라고 설명했다.

하지만, 본능이론은 공격성을 단순히 본능으로만 설명하는 것은 인간 행동의 복잡성을 간과할 수 있다는 비판과 함께 문화적, 사회적 요인의 영향을 충분히 고려하지 않는다는 지적이 있다.

2) 좌절-공격 가설

좌절-공격 가설(Frustration-Aggression Hypothesis)은 인간이 목표 달성에 실패하거나 방해를 받아 좌절을 경험할 때, 그로 인한 긴장이나 불만이 공격성으로 표출된다는 이론이다. 이 가설은 1939년 돌라드(J. Dollard)와 동료 연구자들에 의해 처음 제안되었으며, 인간의 공격적 행동을 이해하는 데 중요한 틀을 제공했다.

돌라드(Dollard)는 좌절을 목표 지향적인 행동이 방해받거나 차단되어 개인이 원하는 결과를 얻지 못하는 상태를 의미하고, 좌절은 부정적인 감정을 유발하며, 이러한 감정은 종종 공격적인 행동으로 이어질 수 있다고 했다. 또한, 직접적인 원인 제공자에게 공격할 수 없는 상황에서는, 무관한 대상에게 공격성이 전이될 수 있으며, 이를 '대상 전이'라고 한다.

그러나, 후속 연구에서 좌절이 항상 공격성을 유발하는 것은 아니며, 공격성은 좌절 외에도 다양한 요인에 의해 영향을 받을 수 있다는 점이 지적되었다. 이러한 비판을 반영하여 버코위츠(L. Berkowitz)는 좌절이 분노와 같은 부정적인 감정을 유발하고, 이러한 감정이 공격성을 촉발할 수 있다는 '수정된 좌절-공격 가설'을 제안했다.

3) 수정된 좌절-공격 가설

수정된 좌절-공격 가설은 버코위츠(Berkowitz)에 의해 제안된 이론으로, 기존의 좌절-공격 가설을 수정하여 공격성의 발생 과정을 보다 정교하게 설명한다.

초기 이론은 좌절이 반드시 공격성을 초래한다는 직선적인 인과 관계를 주장했지만, 수정된 이론은 좌절은 부정적인 감정을 유발하며, 이 감정이 공격성을 촉진할 수도 있지만 반드시 그렇지는 않다는 점을 강조한다.

즉, 좌절 자체가 직접적인 공격성의 원인이 아니라, 좌절로 인해 발생하는 분노와 같은 부정적인 감정이 공격성을 촉진할 수 있으며, 공격성이 발현되기 위해서는 추가적인 환경적 요인(상황적 단서, 사회적 맥락)이 필요하다는 것이 이 가설의 핵심이다. 수정된 좌절-공격 가설의 주요 개념은 다음과 같다.

(1) 좌절과 부정적 감정

초기의 좌절-공격 가설에서는 좌절이 공격성을 직접적으로 유발한다고 보았다. 하지만 버코위츠는 좌절이 반드시 공격성을 초래하는 것은 아니며, 좌절이 분노, 불안, 실망과 같은 부정적 감정을 유발하고, 이러한 감정이 공격성을 촉진하는 요소가 될 수 있다고 보았다.

즉, 좌절 → 부정적 감정 → 공격성이라는 중간 과정이 포함되었다. 예를 들어, 축구 선수 A가 상대 선수 B에게 패스하려고 했지만, 심판이 이해하기 어려운 오프사이드 판정을 내렸다. A는 좌절감을 느끼고, 이 과정에서 분노가 생긴다. 분노가 커질 경우, A는 이후 상대 선수나 심판에게 공격적인 행동(항의, 거친 플레이)을 할 가능성이 높아진다.

그러나, 모든 좌절이 공격성으로 이어지는 것은 아니다. 만약 A가 감정을 조절하는 능력이 뛰어나거나, 경기에서 이기는 것이 더 중요하다고 판단하면 공격적인 행동을 하지 않을 수도 있다.

(2) 공격성을 촉진하는 상황적 단서

버코위츠는 좌절과 분노가 공격성을 촉진할 수 있지만, 추가적인 요인들이 필요하다고 보았다. 그중 가장 중요한 것이 공격성을 유발하는 상황적 단서이다.

버코위츠는 실험을 통해, 대상자들에게 좌절을 경험하게 한 뒤, 무기가 보이는 방에서 공격적 행동을 평가했을 때, 무기가 없는 방보다 무기가 있는 방에서 공격성이 더 강하게 나타나는 것을 알 수 있었다. 따라서, 특정한 상황에서 공격성을 유발할 가능성을 높이는 공격적 단서가 있을 때 공격성이 더 높게 나타나는 것을 알 수 있다.

결론적으로, 수정된 좌절-공격 가설은 공격성이 단순한 좌절의 결과가 아니라, 감정적 반응과 상황적 요인이 복합적으로 작용하여 발생한다는 점을 강조한다. 특히, 스포츠 환경에서는 심판 판정, 경쟁적 분위기, 관중의 반응 등 다양한 요인이 공격성을 촉진할 수 있음을 보여준다.

4) 사회학습이론

반두라(Bandura)에 의해 제안된 사회학습이론(Social Learning Theory)은 인간의 행동, 특히 공격성이 단순한 본능이나 좌절의 결과가 아니라, 관찰과 모방을 통해 학습된다고 설명한다. 반두라는 인형을 공격하는 어른들의 모습을 관찰한 아동들이 어른들과 같은 유사한 공격적 행동을 보인다는 것을 실험을 통해 증명했는데, 이는 공격성이 관찰과 모방을 통해 학습될 수 있음을 보여준다고 했다.

즉, 사회학습이론은 직접적인 경험을 통한 학습뿐만 아니라, 다른 사람의 행동을 관찰하고 이를 모방하는 과정을 통해 학습이 이루어진다고 본다.

(1) 관찰학습

개인은 주변 환경에서 타인의 행동을 관찰하고 이를 학습하며, 이후 특정 상황에서 유사한 행동을 수행할 가능성이 높아진다.

- 주의(Attention) : 학습자는 모델(타인의 행동)을 주의 깊게 관찰해야 한다.
- 기억(Retention) : 관찰한 내용을 기억하고, 나중에 이를 재현할 수 있어야 한다.
- 재생(Reproduction) : 학습된 행동을 실제로 수행하는 과정이 필요하다.
- 동기(Motivation) : 학습된 행동을 수행할 동기가 필요하며, 이는 보상이나 처벌에 의해 영향을 받을 수 있다.

예를 들어, 어린 선수가 축구 경기에서 프로 선수들이 보이는 과격한 태클이나 신체 접촉을 반복적으로 관찰하면, 이를 정당한 경기 방식으로 학습하여 유사한 행동을 따라 할 가능성이 높아진다.

(2) 강화와 처벌(Reinforcement & Punishment)

사회학습이론에서는 공격적인 행동이 강화를 받을 경우 더욱 촉진될 수 있으며, 반대로 처벌을 받을 경우 억제될 수 있다고 설명한다.

- 직접 강화 : 자신이 공격적인 행동을 수행한 후, 긍정적인 결과(승리, 동료의 칭찬, 상대의 위축)를 경험하면 이후에도 유사한 행동을 반복할 가능성이 커진다.

예를 들어, 농구 경기에서 상대 선수를 밀쳐내고 공간을 확보한 후 득점을 성공하면, 이 행동이 효과적인 전략으로 인식될 수 있다.

- 대리 강화 : 다른 사람이 공격적인 행동을 한 후 보상을 받는 것을 관찰하면, 학습자는 이를 모방할 가능성이 높아진다. 예를 들어, TV에서 유명 선수가 과격한 행동을 보였을 때 관중이 환호하고 팀이 승리하는 모습을 보면, 이를 정당한 행동으로 인식할 수 있다.
- 처벌 : 공격적인 행동이 불이익을 초래하면 학습자는 해당 행동을 억제할 가능성이 높아진다. 예를 들어, 축구 경기에서 상대를 고의적으로 가격한 후 레드카드를 받으면, 이후 공격적인 행동을 줄일 가능성이 있다.

3. 공격성 조절을 위한 심리기법

1) 인지 재구성

인지 재구성은 공격성을 유발하는 부정적인 사고 패턴을 인식하고, 이를 보다 합리적이고 긍정적인 방식으로 바꾸는 과정이다. 즉, 공격적인 반응을 유발하는 자동적 사고(저 상대가 나를 무시했어!)를 인식했을 때, 공격적 반응 대신 합리적인 대안을 제시한다(그 선수도 실수할 수 있어. 감정을 조절하고 경기력에 집중하자).

예를 들어, 농구 경기 중 상대가 강한 몸싸움을 걸어왔을 때, 기존 사고는 '저 선수 나랑 싸우려고 하나? 나도 반격해야겠다!'라고 하지만, '경기 중에 이런 몸싸움은 있을 수 있어. 흥분하면 나만 손해니까 전략적으로 대응하자.'라고 인지 재구성을 하는 것이다.

2) 감정 조절 훈련

감정 조절은 분노와 같은 부정적인 감정을 인식하고, 이를 효과적으로 관리하는 기술이다.

(1) 심호흡법

심박수를 안정시키고, 신체적 각성을 줄이는 효과가 있으며, 경기 중 긴장을 낮추고 충동적인 반응을 줄이는 데 유용하다. 방법은 다음과 같다.

- 코로 천천히 숨을 들이마시면서 4초 동안 세기
- 2~3초 동안 숨을 참았다가
- 입으로 6~8초 동안 천천히 내쉬기

(2) 명상 및 마음챙김

현재 순간에 집중하여 공격적인 감정을 의식적으로 인식하고 조절하는 기법으로, 선수들은 훈련 전후 혹은 경기 중 긴장될 때, 짧은 명상 시간을 갖는 것이 효과적일 수 있다. 예를 들어, 유도 선수들이 경기 전 5분간 눈을 감고 호흡과 몸의 감각에 집중하는 명상 훈련을 실시하면, 경기 중 감정을 조절하는 데 도움이 될 수 있다.

3) 긴장이완 기법

긴장이완 기법(PMR)은 심리적 긴장과 신체적 스트레스를 완화하는 데 사용되는 효과적인 기법이다. 특히 유아체육 및 스포츠 활동에서 공격성을 조절하고 감정 조절 능력을 기르는 데 중요한 역할을 한다. 긴장이완 기법은 근육의 이완을 통해 자율신경계를 안정시키고, 이를 통해 감정 조절과 자기통제력을 높이는 데 기여한다.

기본적인 긴장이완 훈련 과정은 다음과 같다.

(1) 준비 단계

- 조용한 공간에서 진행하며, 편안한 자세(앉거나 누운 자세)를 취하도록 한다.
- 가벼운 스트레칭을 통해 몸을 이완하고, 심호흡을 몇 차례 반복하여 몸과 마음을 준비한다.

(2) 근육 긴장 및 이완 훈련

각 근육군을 15초 동안 천천히 풀어주는 방식으로 진행한다.

- 손과 팔 : 주먹을 꽉 쥐었다가 서서히 풀기

- 어깨 : 어깨를 위로 올린 후 서서히 내리기
- 얼굴 : 이마를 찡그리고 눈을 꽉 감았다가 풀기
- 배와 허리 : 복부에 힘을 준 후 천천히 풀기
- 다리와 발 : 발가락을 오므렸다가 천천히 풀기

(3) 심호흡과 결합하기

긴장을 풀 때 깊고 천천히 숨을 내쉬면서 이완감을 느끼도록 한다. '숨을 내쉴 때 몸이 점점 가벼워진다.'와 같은 자기 암시를 활용하면 더욱 효과적이다.

(4) 전체 이완

모든 근육 이완이 끝나면 신체가 가벼워지는 느낌을 인식하며 몇 분간 편안한 상태를 유지한다.

4) 시각화 및 심상훈련

시각화는 특정 상황이나 동작을 머릿속에서 이미지로 형성하는 과정으로, 운동선수가 경기에서 골을 넣는 장면을 상상하는 것이 이에 해당하며, 심상훈련은 단순한 시각적 이미지 형성을 넘어서, 청각, 촉각, 후각 등의 감각을 포함하여 실제 경험과 유사한 정신적 시뮬레이션을 수행하는 훈련 방법이다. 적용방법은 다음과 같다.

- 공격적인 상황이 발생했을 때 차분하고 냉정하게 대응하는 자신의 모습을 상상한다.
- 경기 전 긍정적인 플레이를 시각화하며, 불필요한 감정 소모를 줄인다.
- 상대가 도발했을 때 침착하게 대응하는 장면을 구체적으로 그려본다.

5) 긍정적 모델링과 강화

긍정적 모델링은 특정 기술이나 행동을 모방하여 학습하는 과정이다. 유아체육 및 스포츠 활동에서 긍정적 모델링과 강화는 어린이의 동기 부여, 기술 습득, 자기효능감 증진에 중요한 영향을 미친다.

(1) 긍정적 모델링

공격성이 낮고 페어플레이 정신이 강한 선수를 롤모델로 삼아 학습하는 방법이다. 지도자는 공격적인 행동을 보이는 선수보다는 침착하고 팀워크를 중시하는 선수의 플레이를 강조해야 한다.

예를 들어, 지도자가 경기 후 선수들에게 스포츠맨십이 뛰어난 프로 선수의 영상을 보여주면서 긍정적 행동을 학습하도록 유도한다.

(2) 긍정적 강화

공격적이지 않고 침착한 플레이를 보였을 때, 칭찬과 보상을 제공하여 이를 강화하는 방법이다.

6) 스포츠 윤리 교육 및 가치 중심 훈련

스포츠 윤리 교육과 가치 중심 훈련은 스포츠를 단순한 신체 활동을 넘어 도덕적, 사회적 가치를 배우는 교육적 장으로 활용하는데 중점을 둔다. 스포츠 활동은 공정성, 존중, 책임, 협력 등의 가치를 내면화하는 과정이며, 이는 유아부터 성인까지 모든 연령층에서 강조된다.

연구 결과, 스포츠 윤리 교육을 받은 학생 선수들이 그렇지 않은 학생들보다 공정성 인식과 협력 태도가 향상되었고(Pennington et al., 2021), 유소년 축구팀을 대상으로 한 윤리 교육을 포함한 훈련 프로그램이 팀워크와 사회성 발달에 긍정적인 영향을 미쳤다(Kim & Lee, 2019).

따라서, 선수들이 공격적인 행동의 부정적인 영향을 이해하고, 윤리적 가치에 대한 교육을 받는 것도 공격성 조절에 도움이 된다.

7) 팀 차원의 공격성 조절 전략

개인의 노력뿐만 아니라, 팀 차원에서 공격성을 조절하는 전략도 필요하다.

(1) 팀 분위기 조성

공격적인 행동을 조장하는 팀 문화는 공격성을 증가시키므로, 팀원 간의 협력과 신뢰를 강조하는 문화가 중요하다. 경쟁보다는 팀워크를 중시하는 분위기를 조성하면 공격성이 줄어든다.

(2) 코칭 스타일 변화

지도자가 공격적인 플레이를 장려하면 선수들은 무의식적으로 공격적인 행동을 학습할 수 있다. 보다 전략적인 플레이와 감정 조절 훈련을 강조하는 코칭 방식이 필요하다.

Chapter

12

건강운동심리학

1. 건강운동심리학의 개요

1) 건강운동심리학의 정의

건강운동심리학(Exercise and Health Psychology)은 운동 및 신체 활동이 개인의 심리적 건강과 전반적인 웰빙(Well-being)에 미치는 영향을 연구하는 학문이다. 이는 스포츠심리학과 유사하지만, 주로 일반인의 건강 증진 및 운동 지속성, 정신 건강과의 관계에 초점을 둔다는 점에서 차별화된다(Biddle & Mutrie, 2008).

즉, 건강운동심리학은 사람들이 운동을 시작하고 유지하는 과정에서 동기 부여, 심리적 장벽 극복, 운동이 정신 건강과 스트레스 조절에 미치는 영향 등을 분석하며, 이를 통해 운동 프로그램 설계 및 건강 행동 변화 전략 개발을 지원한다(Schunk & DiBenedetto, 2021).

스포츠심리학과 건강운동심리학은 모두 운동과 신체활동이 인간의 심리적, 정서적, 사회적 측면에 미치는 영향을 연구하는 공통점이 있지만, 두 학문은 연구 대상과 목적, 적용 분야 등에서 차이를 보인다.

표 12-1 스포츠심리학과 건강운동심리학의 차이

구분	스포츠심리학	건강운동심리학
연구대상	운동선수, 스포츠 팀, 코칭 스태프	일반인, 건강을 위한 운동 참여자, 환자(재활 운동)
연구목적	경기력 향상, 심리적 준비, 팀워크 강화	운동 동기 부여, 건강 증진, 정신 건강 향상
중점 연구영역	경기 중 스트레스 관리, 심리적 컨디셔닝, 심상훈련, 경기 불안 조절, 목표 설정	운동 지속성, 건강 행동 변화, 운동과 정신 건강, 스트레스 조절
적용대상	프로 선수, 아마추어 선수, 코칭 스태프	일반 성인, 노인, 만성질환자, 비만 및 정신 건강 환자
운동유형	고강도 스포츠(축구, 농구, 육상 등), 경쟁적인 경기 중심	유산소 운동, 요가, 필라테스, 재활운동 등
연구초점	경기력 최적화, 심리적 복원력, 팀 내 리더십 개발	건강한 운동 습관 형성, 정신 건강 및 웰빙 증진

2) 건강운동심리학의 필요성

(1) 운동 부족과 만성질환 증가

세계보건기구(WHO, 2021)에 따르면, 전 세계 성인의 약 27.5%가 신체 활동 부족 상태이며, 이는 심장병, 당뇨병, 고혈압 등의 만성질환 위험을 증가시킨다고 했다.

국내 연구에 따르면, 한국인의 신체활동 참여율은 10년 사이 감소 추세를 보이며, 특히 청소년과 노인의 운동 부족 문제가 심각하다. 건강운동심리학은 운동을 통한 건강 증진, 질병 예방, 생활습관 개선을 위한 심리적 개입 전략을 연구하고 제공한다.

(2) 정신 건강 증진 및 스트레스 조절

연구에 따르면, 규칙적인 신체 활동은 스트레스 감소, 불안 및 우울증 예방에 효과적이다(Penedo & Dahn, 2005). 운동은 코르티솔(스트레스 호르몬) 수치를 낮추고, 세로토닌과 도파민 분비를 촉진하여 기분을 개선하는 역할을 한다.

건강운동심리학은 운동이 어떤 방식으로 정신 건강에 기여하는지 분석하고, 효과적인 운동 심리 개입 전략을 제시한다.

(3) 운동 동기 부여 및 지속성 향상

운동을 시작하는 사람들의 상당수가 운동을 지속하지 못하고 중도 탈락하는 문제를 겪는다. 자기결정이론에 따르면, 운동 지속성을 높이기 위해서는 내재적 동기(운동의 즐거움, 자기 발전)가 강화되어야 한다.

건강운동심리학은 행동 변화 모델을 바탕으로, 사람들이 지속적으로 운동할 수 있도록 동기부여 전략 및 심리 개입 방법을 연구한다.

(4) 행동 변화 모델을 통한 건강 습관 형성

운동 습관은 단순한 결심으로 형성되지 않으며, 체계적인 행동 변화 모델을 기반으로 한 개입이 필요하다. 범이론적 변화 모델에 따르면, 운동 습관을 형성하는 과정은 무관심 → 관심 → 준비 → 실행 → 유지의 5단계를 거친다(Prochaska & DiClemente, 1983).

건강운동심리학은 이러한 행동 변화 이론을 활용하여 운동 습관 형성을 위한 개입 방법을 연구하고 적용한다.

(5) 고령화 사회에서의 운동 심리 개입 필요

전 세계적으로 고령화가 빠르게 진행되면서, 노인의 신체 활동 감소가 인지 기능 저하 및 삶의 질 저하로 이어지는 문제가 발생하고 있다. 연구에 따르면, 규칙적인 신체 활동은 치매 예방 및 인지 기능 유지에 효과적이며, 특히 노인을 위한 맞춤형 운동 프로그램이 필요하다.

건강운동심리학은 노인의 신체 활동을 장려하고 운동 지속성을 높이기 위한 심리적 개입 방법을 연구한다.

(6) 직장 내 운동 프로그램의 필요성 증가

현대 사회에서 직장인들의 운동 부족이 심각한 문제로 대두되고 있으며, 이로 인해 생산성 저하, 스트레스 증가, 건강 문제가 발생하고 있다. 연구에 따르면, 기업 내 운동 프로그램을 도입하면 직원들의 직무 만족도 및 생산성이 향상되며, 업무 중 스트레스 감소 효과가 있다.

건강운동심리학적 접근을 통해 직장 내 신체활동 프로그램 개발, 온라인 피트니스 커뮤니티 운영, 팀워크 기반 운동 프로그램 연구 등이 진행되고 있다.

3) 건강운동심리학의 연구방법

건강운동심리학의 연구는 양적 연구, 질적 연구, 혼합 연구 세 가지 방식으로 이루어진다.

(1) 양적 연구 방법

양적 연구는 객관적인 수치를 통해 운동과 심리적 요인의 관계를 분석하는 방법으로, 실험 연구 및 설문조사 연구가 대표적이다.

① 실험 연구

운동이 정신 건강, 운동 지속성, 스트레스 조절에 미치는 영향을 분석하기 위해 실험군과 통제군을 설정하여 변인의 차이를 분석한다.

② 설문조사 연구

운동 동기, 운동 습관, 심리적 변화 등을 측정하기 위해 심리 측정 도구(운동 동기 척도, 건강 신념 척도)를 사용하여 데이터를 수집한다.

(2) 질적 연구 방법

질적 연구는 운동 참여자의 경험, 감정, 동기를 심층적으로 분석하는 연구 방법으로, 면담, 참여 관찰, 사례 연구가 포함된다.

① 심층 면담 연구

운동이 개인의 삶에 미치는 영향을 분석하기 위해 참가자의 경험을 심층적으로 탐구하는 연구이다.

② 참여 관찰 연구

운동 프로그램에 직접 참여하여 운동 행동을 관찰하고 분석하는 연구이다.

(3) 혼합 연구 방법

혼합 연구는 양적 연구와 질적 연구를 결합하여 연구의 신뢰도를 높이는 방법이다. 예를 들어, 실험 연구(운동 중재 프로그램이 정신 건강에 미치는 효과)와 심층 면담(운동 참여자들의 주관적 경험)을 병행하는 연구와 온라인 피트니스 코칭이 운동 동기에 미치는 영향을 설문조사(양적)와 참여자 인터뷰(질적)로 분석(정성민, 2019)하는 연구이다.

4) 건강운동심리학의 최신 연구 동향

(1) 디지털 헬스케어 및 웨어러블 기술 활용 연구

웨어러블 기기(스마트워치, 피트니스 밴드 등)를 활용한 신체활동 모니터링 및 피드백 시스템 연구가 증가하고 있다.

• 모바일 헬스 앱을 통한 운동 지속성 향상 연구(Karageorghis et al., 2021).

(2) 온라인 피트니스 및 원격 운동 코칭 연구

코로나19 이후 온라인 운동 플랫폼(줌 요가, 가상 퍼스널 트레이닝)이 확대되면서, 온라인 운동 코칭이 운동 동기 및 지속성에 미치는 영향에 대한 연구가 활발하다.

• 온라인 피트니스 커뮤니티가 운동 지속성에 미치는 효과 연구(정성민, 2021).

(3) 정신 건강과 운동의 신경과학적 연구 증가

운동이 뇌 기능(해마 크기 증가, 신경가소성 향상)과 정신 건강(우울증, 불안 감소)에 미치는 효과를 분석하는 신경과학적 연구가 증가하고 있다.

• 유산소 운동이 신경전달물질(세로토닌, 도파민) 분비에 미치는 영향 연구 (Hillman et al., 2021).

(4) 행동 변화 이론 적용 연구

운동 습관 형성을 위한 행동 변화 이론의 실질적 적용 연구가 증가하고 있다.

• 자기결정이론(SDT)을 기반으로 한 운동 동기 프로그램 효과 연구(Deci & Ryan, 2020).

5) 특수 집단(노인, 장애인, 정신질환자)을 위한 맞춤형 운동 연구

노인, 장애인, 정신 건강 환자 등 특정 집단을 위한 맞춤형 운동 프로그램 연구가 증가하고 있다.

2. 운동동기와 지속성

1) 자기결정이론

운동을 시작하는 것만큼이나 지속하는 것도 중요하다. 많은 사람들이 건강을 위해 운동을 시작하지만, 지속적으로 실천하는 경우는 상대적으로 적다. 운동 지속성을 높이기 위해서는 개인의 동기를 이해하는 것이 필수적이며, 자기결정이론(Self-Determination Theory, SDT)이 운동 지속성에 중요한 역할을 한다.

자기결정이론(SDT, Deci & Ryan, 1985)은 인간이 자율적이고 동기화된 행동을 지속하기 위해서는 세 가지 기본 심리 욕구가 충족되어야 한다고 설명하고, 인간의 행동은 내재적 또는 외재적 동기에 의해 결정되며, 동기의 유형이 자율적일수록 행동의 지속성이 높아진다. 구체적인 내용은 4장의 동기에서 설명한 바 있다.

결론적으로, 운동 지속성을 높이기 위해서는 외적 동기를 내재적 동기로 전환하는 과정이 필요하며, 자기결정이론(SDT)이 그 핵심 역할을 한다. 운동 참여자가 자율성, 유능감, 관계성의 욕구를 충족할 때, 내재적 동기가 강화되고 운동 지속성이 높아진다.

2) 목표설정이론

운동 지속성을 높이기 위한 전략 중 하나가 목표설정이론(Goal-Setting Theory, GST)이다. 목표설정이론은 명확한 목표를 설정하는 것이 동기와 수행력에 긍정적인 영향을 미친다는 개념을 바탕으로 한다. 운동 목표를 구체적으로 설정하면 동기가 향상되고, 지속성이 증가할 가능성이 높다.

목표설정이론의 핵심 요소와 SMART 목표 설정 기법 등은 7장의 목표설정에서 구체적으로 설명한 바 있다. 결론적으로, SMART 목표 설정 기법을 활용하여 구체적이고 측정 가능한 목표를 정하고, 정기적인 피드백과 보상 시스템을 적용하면 운동 지속성을 효과적으로 높일 수 있다. 특히, 도전적인 목표를 설정하고 이를 꾸준히 점검하는 것이 운동을 습관화하는 데 중요한 역할을 한다.

3) 운동 지속성에 영향을 미치는 요소

운동 지속성을 결정하는 요인은 개인적 요인, 심리적 요인, 환경적 요인, 사회적 요인, 행동적 요인으로 나눌 수 있으며, 이들 요소가 상호작용하면서 운동 습관을 형성한다.

(1) 개인적 요인

운동 지속성은 개인의 신체적 특성, 성격, 목표 등에 의해 영향을 받는다.

① 운동 자기효능감

자기효능감은 '내가 이 운동을 지속할 수 있다'는 믿음을 의미하며, 자기효능감이 높은 사람일수록 운동을 지속할 확률이 높음(Bandura, 1997).

② 건강 신념

건강에 대한 관심과 신념이 강할수록 운동 지속성이 증가한다. 예를 들어, '운동이 당뇨병 예방에 도움이 된다.'는 확신이 있으면 꾸준히 운동할 가능성이 크다.

③ 운동 목표

목표가 구체적이고 도전적일수록 운동 지속성이 높아지고(Locke & Latham, 1990), '3개월 동안 체중을 5kg 감량'과 같이 명확한 목표를 설정하는 것이 중요하다.

(2) 심리적 요인

운동 지속성에는 동기 부여와 감정 조절 능력이 큰 영향을 미친다.

자기결정이론에 따르면, 내재적 동기가 클수록 운동 지속성이 높고, 운동을 통해 스트레스를 해소하는 경험이 많을수록 운동 지속성이 증가한다(Brown et al., 2013). 또한, 반복적으로 수행한 행동은 습관으로 정착되어 지속성이 높아진다(Lally et al., 2010).

(3) 환경적 요인

운동을 할 수 있는 물리적 환경이 지속성에 영향을 미친다. 가까운 거리에 운동 시설이 있거나, 집에서 쉽게 운동할 수 있는 환경이 조성되면 지속성이 증가하고, 야외 활동을 선호하는 경우, 겨울철에는 운동 지속성이 감소할 가능성이 있고, 업무가 바쁘거나 불규칙한 근무 패턴을 가진 사람들은 운동 지속성이 낮을 가능성이 있다.

(4) 사회적 요인

사회적 환경과 관계망은 운동 지속성을 크게 좌우하는 요소이다. 가족, 친구, 동료 등으로부터 긍정적인 지지를 받을수록 운동 지속성이 증가하고(Carron et al., 1996), 헬스장 그룹 클래스, 스포츠 팀, 요가 모임 등은 운동 지속성을 높이는 요인이 되며, 온라인 피트니스 커뮤니티, SNS에서 운동 성과를 공유하는 것이 지속성을 높이는 효과가 있다.

(5) 행동적 요인

운동을 지속하기 위해서는 일정한 패턴을 형성하는 것이 중요하다. 구체적인 목표를 설정하고 피드백을 받으면 지속성이 증가하며, 운동 후 작은 보상을 설정하면 지속성이 증가할 것이며, 운동이 지루하면 지속성이 낮아질 수 있다.

4) 운동 습관 형성과 유지 전략

운동을 시작하는 것만큼이나 중요한 것이 꾸준히 유지하는 것이다. 많은 사람들이 운동을 시작하지만 몇 주 또는 몇 개월 내에 포기하는 경우가 많다.

운동을 습관으로 만들면 지속성이 높아지고, 신체적·정신적 건강을 장기적으로 유지할 수 있다. 다음은 운동 습관을 형성하는 과정과 이를 유지하기 위한 구체적인 전략을 설명한다.

(1) 운동 습관 형성 과정

운동 습관이 형성되는 과정은 행동심리학과 신경과학적 원리에 기반한다.

① 습관 형성의 핵심 원칙(Lally et al., 2010)

새로운 습관이 자동화되기까지 평균 66일이 소요되며, 행동이 반복될수록 뇌에서 자동화되며, 결국 노력 없이 실행되는 패턴이 형성된다. 습관 형성 속도는 개인차가 있으며, 행동의 복잡성, 개인의 성향, 환경적 요인에 따라 달라진다.

② 습관 형성의 단계

• 도입기 (1~3주)

새로운 행동을 시작하는 단계로, 의식적인 노력이 필요하며, 목표를 설정하고 운동 루틴을 구체적으로 계획하는 것이 중요하다.

• 적응기 (4~8주)

반복된 행동이 조금씩 익숙해지고, 자동화되기 시작하는 시기로 유지 전략이 필요한 단계이며, 성취감을 느낄 수 있도록 작은 보상을 제공하면 효과적이다.

• 정착기 (9주~)

운동이 하루의 자연스러운 일부가 되는 단계이며, 습관이 완전히 자리 잡고, 운동을 하지 않으면 오히려 불편함을 느끼게 된다.

(2) 운동 습관 형성을 위한 7가지 전략

운동을 습관으로 만들기 위해서는 구체적인 행동 전략이 필요하다.

① 작은 목표부터 시작하기

처음부터 너무 큰 목표를 설정하면 좌절감이 커져 포기할 확률이 높아기 때문에, 쉽게 달성할 수 있는 작은 목표부터 시작하여 성공 경험을 쌓는 것이 중요하다.

② 일정한 시간과 장소에서 운동하기

같은 시간, 같은 장소에서 운동을 하면 습관화 속도가 빨라지고(Neal et al., 2012), 운동을 특정 활동과 연결하면 자동화된 습관으로 자리 잡을 가능성이 높아진다.

③ 트리거(Trigger) 설정하기(운동 시작을 유도하는 신호 만들기)

습관을 시작할 수 있도록 특정 신호(트리거)를 설정하면 운동 지속성이 증가한다(Wood et al., 2005). 예를 들어, 운동복을 침대 옆에 두기 → 아침에 바로 착용하면 운동할 확률 증가한다.

④ 운동을 재미있게 만들기

즐거운 요소가 있어야 운동을 지속할 확률이 높아진다(Deci & Ryan, 2000). 단순히 '해야 하는 일'이 아니라, '하고 싶은 일'이 되도록 운동 유형을 선택해야 한다.

⑤ 운동 진행 상황을 기록하고 시각화하기

운동 기록을 남기면 운동 습관을 유지할 확률이 높아진다(Weinberg, 2010).

⑥ 운동을 사회적 활동으로 만들기(사회적 지원 활용)

운동을 혼자 하는 것보다 다른 사람과 함께하면 지속성이 높아진다(Carron et al., 1996). 사회적 지원을 받으면 책임감과 동기 부여가 증가하기 때문이다.

⑦ 보상 시스템 활용하기

운동 후 보상을 제공하면 동기 부여 효과가 커진다(Skinner, 1953). 즉각적인 보상을 설정하면 운동을 지속할 가능성이 높아진다.

(3) 운동 습관 유지 전략

습관이 형성된 후에도 일정 기간이 지나면 운동을 포기할 가능성이 있다.

다음과 같은 유지 전략을 활용하면 운동을 지속적으로 실천할 확률을 높일 수 있다.

① 운동 강도와 유형 변화 주기

같은 운동을 계속하면 지루함을 느끼고, 중단할 가능성이 높다. 다양한 운동을 병행하여 운동에 대한 흥미를 유지하는 것이 중요하다.

예를 들어, 월, 수, 금 - 헬스 / 화, 목 - 요가 / 토 - 등산

② 운동 목표 재설정

초기 목표를 달성했다면 새로운 목표를 설정해야 지속 가능하다.

예를 들어, 5km 달리기 목표 달성 → 10km로 확대

③ 운동의 일상화

운동을 특별한 일이 아니라, 일상의 일부로 만드는 것이 중요하다.

예를 들어, 출퇴근 시 엘리베이터 대신 계단 이용한다거나, 직장이나 학교에서 점심시간에 산책하는 경우가 여기에 해당한다.

5) 운동 탈락 요인과 극복 전략

운동을 시작하는 사람들 중 상당수가 몇 주 또는 몇 개월 내에 중단하는 경우가 많다. 운동 탈락은 운동 습관을 지속하는 데 있어서 가장 큰 도전 과제 중 하나이며, 개인의 신체 건강뿐만 아니라 정신 건강에도 부정적인 영향을 미칠 수 있다.

운동 탈락의 주요 원인을 파악하고, 이를 극복할 수 있는 전략을 세우는 것이 운동 지속성을 높이는 핵심 요소이다. 운동을 꾸준히 유지하기 위해 어떤 요인이 운동 탈락을 유발하는지 분석하고, 그에 대한 실질적인 해결책을 제시한다.

(1) 운동 탈락 요인

운동을 지속하지 못하는 이유는 개인적 요인, 환경적 요인, 심리적 요인, 사회적 요인으로 나눌 수 있다.

① 개인적 요인

개인의 신체적, 심리적 특성이 운동 탈락에 영향을 미칠 수 있다. 자신이 운동을 지속할 수 없다고 생각하는 경우 중도 포기 가능성이 높아지고(Bandura, 1997), 비현실적인 목표는 운동 동기를 저하시키고, 목표를 달성하지 못할 경우 포기하게 되며(운동 목표설정 실패), 과도한 운동이나 부상으로 인해 운동을 중단하는 경우가 많다(Sallis et al., 1992).

② 환경적 요인

운동을 할 수 있는 환경이 부족하거나 불편하면 탈락률이 증가한다. 운동할 장소가 멀거나, 헬스장 이용이 불편하면 운동 지속성이 낮아지고, 야외 운동을 선호하는 사람들은 날씨가 나쁘면 운동을 중단하는 경우가 많다(Trost et al., 2002).

③ 심리적 요인

운동 지속성을 방해하는 주요 심리적 요인이 존재한다. 반복적인 운동은 지루함을 유발하고, 흥미를 잃게 만들고(Deci & Ryan, 2000), 운동의 효과는 장기적으로 나타나기 때문에, 즉각적인 보상을 원하는 사람들은 쉽게 포기할 수 있다.

④ 사회적 요인

운동을 지속하기 위해서는 사회적 지원도 중요한 요소이다. 가족, 친구, 동료들의 응원이나 동반자가 없으면 운동 지속성이 낮아지고(Carron et al., 1996), 과도한 업무나 가사 노동으로 인해 운동할 시간이 부족하면 운동을 포기할 가능성이 높아진다(Sallis et al., 2000).

(2) 운동 탈락 극복 전략

운동을 지속하기 위해서는 탈락 요인을 줄이고, 운동을 습관화하는 전략이 필요하다.

앞서 설명한 바와 같이, 이러한 탈락 요인을 극복하기 위해서는 자기효능감 강화, SMART 목표 설정, 운동 다양화, 사회적 지원 활용, 즉각적인 보상 제공 등의 전략이 필요하다. 운동은 단기적인 성과보다 장기적인 습관 형성이 중요하며, 지속 가능한 방식을 찾는 것이 핵심이다.

참·고·문·헌

강병재, 백승학, 이영훈(2024). 예비교사를 위한 교육학개론, 서울: 양서원.

강지현 외 7인(2019). 스포츠심리학, 서울: 대경북스.

강현식, 김진숙(2020). 운동학습과 제어. 서울: 라이프사이언스.

권형자(2006). 교육심리학. 서울: 태영출판사.

김경원(1998). 공격성과 스포츠. 한국심리학회(편), 스포츠심리학, 407-430. 서울: 태근문화사.

김기웅, 이만령(1992). 결과지식 제시시기에 따른 운동기술 학습효과. 한국스포츠심리학회지, 3(1), 57-71.

김나영(2021). 정신 건강 환자를 위한 운동 심리 개입 전략 연구. 대한심리운동학회지, 22(1), 98-112.

김민주, 이지훈(2017). 유소년 축구 선수의 심상훈련이 경기 불안과 자신감에 미치는 영향. 스포츠심리학연구, 28(2), 101-119.

김민호, 박성재(2018). 운동 지속성을 위한 목표 설정 이론의 적용. 한국스포츠심리학회지, 29(2), 135-150.

김병준, 김동환(2012). 운동심리학의 이론적 모형과 실증적 지식 및 미래 연구방향. 한국체육학회지, 51(1), 1-14.

김승재(2015). 운동학습과 제어 (개정판). 서울: 대한미디어.

김영호(2024). 건강운동심리학실 연구 소개. 서울과학기술대학교 건강운동심리학실 웹사이트.

김우종, 정상택, 김진구(1999). 자기통제 피드백과 타이밍 예측. 한국스포츠심리학회 학술발표논문집, (1), 117-127.

김은숙, 김경원, 이학권(2014). 방과 후 스포츠활동 참여가 남자 중학생들의 공격성에 미치는 영향. 운동학 학술지, 16(1), 53-61.

김은정(2019). 스포츠 심리학의 이해. 서울: 대한미디어.

김정민 & 최영철(2021). 운동 심리학 연구 동향 및 건강운동심리학의 필요성 연구. 한국운동심리학회지, 30(2), 78-93.

김준권, 박선영, 이현주(2014). 새로운 교육심리학, 서울: 태영출판사.

김현주(2018). 스포츠 활동과 심리치료의 융합적 접근. 서울: 학지사.

김현정, 최혜연(2018). 운동 동기와 지속성: 자기결정이론을 중심으로. 한국체육학회지, 57(3), 245-260.
문원재(2013). 스포츠심리학 연구에서 성공지능의 도입 가능성. 한국체육대학교 체육과학연구소 논문집, 24(2), 1-12.
박성민, 정경희(2016). 운동 지속성 향상을 위한 동기 연구: 자기결정이론의 적용. 한국스포츠심리학회지, 27(1), 112-130.
박승하, 윤지수(2021). 운동 발달과 학습. 서울: 대경북스.
서정석, 장경태(2018). 운동학습과 제어의 이론과 실제. 서울: 교문사.
소해준(2021). 한국에서 스포츠심리학이 발전하려면. 스포츠Q.
신용욱(2017). 유아의 신체 활동과 운동학습. 서울: 학지사.
심창섭, 김홍백(2008). 스포츠·운동 심리학, 서울: 광림북하우스.
유재춘(2017). 운동발달과 신체 활동 지도. 서울: 학지사.
유진(1997). 스포츠 심리학, 서울: 중앙대학교 출판부.
유충경, 김석진, 임완기(2015). 체육지도자 필기시험 대비 요약문제집 스포츠심리학, 충남: 엔에스씨에이코리아
윤완영(2018). 운동기술의 이해. 서원대학교.
이건철(2018). 운동기술의 이해. 원광대학교.
이광준(2000). 공격성의 이론적 고찰. 한국심리학회지: 사회 및 성격, 14(1), 1-22.
이동현 & 김은주(2021). 운동이 스트레스 호르몬 조절 및 정신 건강에 미치는 영향 연구. 대한운동과학연구, 39(1), 55-79.
이병기 외 8인(2010). 스포츠심리학 플러스, 서울: 대경북스.
이상훈(2019). 노인 운동 참여와 인지 기능 간의 관계 연구. 한국노인학회지, 40(2), 67-83.
이성진, 최창석(2016). 운동제어와 학습의 원리. 서울: 대경북스.
이영호, 김진아(2020). 운동 참여자의 내재적 동기와 지속성의 관계. 한국운동과학학회지, 29(4), 189-204.
이은정, 김영진(2020). 운동 목표 설정과 지속성의 관계 연구. 한국체육학회지, 45(4), 89-107.
이채문(2024). 전공체육 운동학습 및 스포츠심리. 서울: 예스24.
임번장(2015). 운동발달의 이론과 실제. 서울: 대경북스.
장성우(2019). 심상훈련이 스포츠 수행력과 정서 조절에 미치는 영향. 한국운동심리학회지, 15(4), 88-109.
정성민(2019). 기업 내 신체 활동 프로그램이 직무 스트레스에 미치는 영향 연구. 한국기업건강관리학회지, 31(3), 102-118.
정성민(2021). 온라인 피트니스 커뮤니티가 운동 지속성에 미치는 영향 연구. 한국운동심리학회지, 32(1), 112-128.
정일규(2019). 스포츠 심리학과 운동 수행 전략. 서울: 대한미디어.

조성식(2022). 운동학습의 원리와 응용. 서울: 광문각.

최민주(2018). 긴장이완 기법이 공격성 감소에 미치는 효과 연구. 스포츠심리학연구, 30(3), 211-227.

최영옥, 이병기, 구봉진(2002). 스포츠 행동의 심리학적 이해, 서울: 대한미디어.

최윤정(2021). 유아체육 활동이 공격성 조절에 미치는 영향. 유아교육연구, 41(3), 145-167.

최현주 & 서동일. (2019). 운동 지속성을 결정하는 심리적 요인 분석 연구. 한국체육교육학회지, 28(4), 91-110.

한국스포츠심리학회 (2020). 스포츠 심리학 개론. 서울: 한솔의학서적.

한국스포츠심리학회 (2025). 한국스포츠심리학회 공식 웹사이트.

한덕웅(2015). 스포츠 심리학의 기초와 응용. 서울: 동화기술.

Abernethy, B.(1991). "Visual Search Strategies and Decision-Making in Sport." International Journal of Sport Psychology, 22(3), 189-210.

Abernethy, B., & Russell, D. G.(1987). "Expert-Novice Differences in an Applied Selective Attention Task." Journal of Sport Psychology, 9(4), 326-345.

Allport, F. H.(1920). The influence of the group upon association and thought. Journal of Experimental Psychology, 3(3), 159-182.

Allport, G. W.(1937). Personality: A psychological interpretation. Holt.

Alderman, R. B.(1980). Sport psychology:Past, present, and future dilemmas. In P. Klavora & K. A. W. Wipper(Eds.), Psychological Sociological Factors in Sport(pp. 13-10). Toronto, ON : University of Toronto.

Anderson, J. R.(2015). Cognitive Psychology and Its Implications. Macmillan.

Apter, M. J.(1982). The Experience of Motivation: The Theory of Psychological Reversals. Academic Press.

Aronson, E.(1980). The Social Animal. San Francisco: W. H. Freeman.

Atkinson, J. W.(1974). The mainsprings of achievement-oriented activity. In J. W. Atkinson & J. O. Raynor (Eds.), Motivation and achievement, 11-39.

Bandura, A.(1977). Social learning theory. Prentice-Hall.

Bandura, A.(1986). Social Foundations of Thought and Action: A Social Cognitive Theory. Prentice-Hall.

Bandura, A.(1997). Self-efficacy: The exercise of control. W. H. Freeman and Company.

Baron, R. S.(1986). Distraction-conflict theory: Progress and problems. Advances in Experimental Social Psychology, 19, 1-40.

Baumeister, R. F.(1984). Choking under pressure: Self-consciousness and paradoxical effects of incentives on skillful performance. Journal of Personality and Social Psychology, 46(3), 610–620.

Baumeister, R. F., & Leary, M. R.(1995). The need to belong: Desire for interpersonal attachments as a fundamental human motivation. Psychological Bulletin, 117(3), 497-529.

Beauchamp, M. R., & Bray, S. R.(2001). Group dynamics in sport and exercise psychology. Human Kinetics.

Beilock, S. L., & Carr, T. H.(2001). On the fragility of skilled performance: What governs choking under pressure? Journal of Experimental Psychology: General, 130(4), 701-725.

Berkowitz, L.(1989). Frustration-Aggression Hypothesis: Examination and Reformulation. Psychological Bulletin, 106(1), 59-73.

Bernstein, N. A.(1967). The Coordination and Regulation of Movements. Pergamon Press.

Berridge, K. C., & Robinson, T. E.(1998). What is the role of dopamine in reward: Hedonic impact, reward learning, or incentive salience? Brain Research Reviews, 28(3), 309-369.

Biddle, S. J., & Mutrie, N.(2008). Psychology of Physical Activity: Determinants, Well-Being, and Interventions. Routledge.

Bond, C. F., & Titus, L. J.(1983). Social facilitation: A meta-analysis of 241 studies. Psychological Bulletin, 94(2), 265-292.

Burton, D.(1989). "Winning isn't everything: Examining the impact of performance goals on collegiate swimmers' cognition and performance." The Sport Psychologist, 3(2), 105-132.

Burton, D., & Weiss, C.(2008). "The fundamental goal concept: The path to process and performance success." Handbook of Sport Psychology, 3, 338-358.

Carron, A. V.(1982). Cohesiveness in sport groups: Interpretations and considerations. Journal of Sport Psychology, 4(2), 123-138.

Carron, A. V., & Hausenblas, H. A.(1998). Group dynamics in sport and exercise psychology: A review of the literature. Journal of Sport & Exercise Psychology.

Carron, A. V., Widmeyer, W. N., & Brawley, L. R.(1985). The development of an instrument to assess cohesion in sport teams: The Group Environment Questionnaire. Journal of Sport Psychology, 7(3), 244-266.

Cattell, R. B.(1950). Personality: A systematic theoretical and factual study. McGraw-Hill.

Christensen, J. L. D.(2017). The Psychology of Sport and Performance. Routledge.

Cox, R. H.(1985). Sport psychology:Concepts and Applications. Columbus, OH:McGraw-Hill.

Costa, P. T., & McCrae, R. R.(1987). Validation of the five-factor model of personality across instruments and observers.

Cottrell, N. B.(1972). Social facilitation. In C. G. McClintock (Ed.), Experimental Social Psychology (pp. 185-236). Holt, Rinehart & Winston.

Csikszentmihalyi, M.(1990). Flow: The psychology of optimal experience. Harper & Row.

Deci, E. L., & Ryan, R. M.(1985). Intrinsic motivation and self-determination in human behavior. Springer Science & Business Media.

Deci, E. L., Koestner, R., & Ryan, R. M.(1999). A meta-analytic review of experiments examining the effects of extrinsic rewards on intrinsic motivation. Psychological Bulletin, 125(6), 627-668.

Dollard, J., Doob, L. W., Miller, N. E., Mowrer, O. H., & Sears, R. R.(1939). Frustration and Aggression. New Haven: Yale University Press.

Doran, G. T.(1981). "There's a S.M.A.R.T. way to write management goals and objectives." Management Review, 70(11), 35-36.

Dweck, C. S.(2006). Mindset: The new psychology of success. Random House.

Eysenck, H. J.(1947). Dimensions of personality. Routledge & Kegan Paul.

Eysenck, H. J., & Eysenck, M. W.(1985). Personality and Individual Differences. Plenum Press.

Eysenck, H. J.(1990). Biological dimensions of personality. In L. A. Pervin (Ed.), Handbook of personality: Theory and research.

Eysenck, M. W., & Calvo, M. G.(1992). Anxiety and performance: The processing efficiency theory. Cognition & Emotion, 6(6), 409-434.

Eysenck, M. W., Derakshan, N., Santos, R., & Calvo, M. G.(2007). Anxiety and cognitive performance: Attentional control theory. Emotion, 7(2), 336-353.

Feltz, D. L.(2008). Self-confidence and sports performance. Routledge.

Festinger, L., Schachter, S., & Back, K.(1950). Social pressures in informal groups: A study of human factors in housing. Stanford University Press.

Fitts, P. M., & Posner, M. I.(1967). Human Performance. Brooks/Cole.

Fox, K. R.(1990). The physical self-perception profile manual. Deakin University.

Freud, S.(1920). Beyond the Pleasure Principle. Vienna: International Psycho-Analytical.

Freud, S.(1923). The Ego and the Id.

Gallahue, D. L.(2004). Developmental physical education for all children (5th ed.). WCB/McGraw-Hill.

Garland, D. J.(1985). "Cognitive mediation and goal setting: An information-processing approach." Basic and Applied Social Psychology, 6(4), 285-304.

Gentile, A. J.(1972). A Two-Stage Model of Learning a Motor Skill. In Motor Learning and Control: A Neuropsychological Approach (pp. 3-14).

Gill, D. L.(1986). Psychological Dynamics of Sport. Champaign, IL:Human Kinetics.

Gill, D. L., & Deeter, T. E.(1988). Development of the sport orientation questionnaire. Research Quarterly for Exercise and Sport, 59(3), 191-202.

Gould, D., & Udry, E.(1994). Psychological skills for enhanced performance: A practitioner's guide. Journal of Sport & Exercise Psychology.

Gratty, B. J.(1989). Psychology in Contemporary Sport. Upper Saddle River, NJ:Prentice-Hall.

Green, C. D.(2003). Psychology strikes out: Coleman R. Griffith and the Chicago Cubs. History of Psychology, 6(3), 267-283.

Griffith, C. R.(1926). The psychology of coaching. New York: Charles Scribner's Sons.

Griffith, C. R.(1928). The psychology of athletics. New York: Charles Scribner's Sons.

Gould, D., & Pick, S.(1995). Coleman Griffith: The founding father of sport psychology. The Sport Psychologist, 9(4), 391-405.

Hanin, Y. L.(1997). Emotions and athletic performance: Individual zones of optimal functioning model. European Yearbook of Sport Psychology, 1, 29-72.

Hardy, C. J., & Latane, B.(1986). Social loafing in cheerleaders: Effects of team size and task difficulty. Journal of Sport Psychology, 8(2), 84-91.

Hardy, L., Mullen, R., & Jones, G.(1996). Knowledge and conscious control of motor actions under stress. British Journal of Psychology, 87(4), 621-636.

Hardy, L., Jones, G., & Gould, D.(1996). Understanding Psychological Preparation for Sport: Theory and Practice of Elite Performers. John Wiley & Sons.

Hardy, L., & Fazey, J.(1987). The inverted-U hypothesis: A catastrophe for sport psychology? British Association of Sports Sciences Monograph No. 1. National Coaching Foundation.

Harter, S.(1978). Effectance motivation reconsidered: Toward a developmental model. Human Development, 21(1), 34-64.

Harter, S.(1981). A new self-report scale of intrinsic versus extrinsic orientation in the classroom: Motivational and informational components. Developmental Psychology, 17(3), 300-312.

Harter, S.(1982). The perceived competence scale for children. Child Development, 53(1), 87-97.

Harter, S.(1999). The construction of the self: A developmental perspective. Guilford Press.

Harwood, C. G., Keegan, R. J., Smith, J. M. J., & Raine, A. S.(2015). A systematic review of the intrapersonal correlates of motivational climate perceptions in sport and physical activity. Psychology of Sport and Exercise, 18, 9-25.

Henry, F. M. (1960). Physical education: An academic discipline. Journal of Health, Physical Education, Recreation, 31(9), 22-23, 52.

Hillman, C. H., Erickson, K. I., & Kramer, A. F.(2021). Be smart, exercise your heart: Exercise effects on brain and cognition. Trends in Cognitive Sciences, 25(9), 763-778.

Hollander, E. P.(1967). Principles and Methods of Social Psychology. Oxford University Press.

Hollander, E. P.(1971). Perspectives in Personality. Holt, Rinehart & Winston.

Horn, T. S.(2008). Advances in sport psychology (3rd ed.). Human Kinetics.

Hull, C. L.(1943). Principles of Behavior. Appleton-Century-Crofts.

James, W.(1890). The Principles of Psychology. Holt.

Janis, I. L.(1982). Groupthink: Psychological Studies of Policy Decisions and Fiascoes. Houghton Mifflin.

Kahneman, D.(1973). Attention and Effort. Prentice-Hall.

Karageorghis, C. I., et al.(2021). Wearable Technology and Exercise Adherence: A Meta-Analysis. Journal of Sport & Exercise Psychology, 43(3), 215-232.

Kerr, J. H.(1997). Motivation and Emotion in Sport: Reversal Theory. Psychology Press.

Kim, J. S., & Lee, H. K.(2019). The Impact of Ethical Training in Youth Soccer Programs on Teamwork and Social Development. Korean Journal of Physical Education, 36(2), 123-139.

Knight, C. J., Harwood, C. G., & Gould, D.(2015). "Sport psychology for young athletes: The motivational climate, goal orientations, and mental skills." Journal of Applied Sport Psychology, 27(2), 108-123.

Lally, P., van Jaarsveld, C. H. M., Potts, H. W. W., & Wardle, J.(2010). How are habits formed: Modelling habit formation in the real world. European Journal of Social Psychology, 40(6), 998-1009.

Landin, D., & Hebert, E. P.(1999). "The Influence of Self-Talk on the Performance of Skilled Female Tennis Players." Journal of Applied Sport Psychology, 11(2), 263-282.

Latane, B., Williams, K., & Harkins, S.(1979). Many hands make light the work: The causes and consequences of social loafing. Journal of Personality and Social Psychology, 37(6), 822-832.

Lazarus, R. S., & Folkman, S.(1984). Stress, Appraisal, and Coping. Springer.

Locke, E. A., & Latham, G. P.(1990). A theory of goal setting & task performance.

Prentice Hall.

Locke, E. A., & Latham, G. P.(2002). "Building a practically useful theory of goal setting and task motivation: A 35-year odyssey." American Psychologist, 57(9), 705-717.

Lorenz, K.(1966). On Aggression. New York: Harcourt Brace.

Mageau, G. A., & Vallerand, R. J,(2003). The coach–athlete relationship: A motivational model. Journal of Sports Sciences, 21(11), 883-904.

Magill, R. A.(2007). Motor Learning and Control: Concepts and Applications.

Martens, R.(1975). Sport competition anxiety test. Human Kinetics.

Martens, R.(1977). Sport Competition Anxiety Test (SCAT). Human Kinetics. McGraw-Hill Education.

Martens, R., Vealey, R. S., & Burton, D.(1990). Competitive Anxiety in Sport. Human Kinetics.

Martens, R.(1987). Science, knowledge, and sport psychology. The Sport Psychologist, 1(1), 29-55.

Maslow, A. H.(1943). A Theory of Human Motivation. Psychological Review, 50(4), 370-396.

Maslow, A. H.(1954). Motivation and Personality. Harper & Row.

Masters, R. S. W.(1992). Knowledge, knerves and know-how: The role of explicit versus implicit knowledge in the breakdown of a complex motor skill under pressure. British Journal of Psychology, 83(3), 343-358.

Masters, R., & Maxwell, J.(2008). The Theory of Reinvestment. Human Kinetics.

McClelland, D. C.(1961). The achieving society. Princeton, NJ: Van Nostrand.

McGrath, A. C.(2008). Sport and Exercise Psychology: A Critical Introduction. Routledge.

Mischel, W.(1968). Personality and Assessment.

Morgan, W. P.(1980). Test of the mental health model: The iceberg profile. Journal of Sport and Exercise Psychology, 2(2), 92-94.

Moran, A. P.(2012). Sport and Exercise Psychology: A Critical Introduction. Routledge.

Neal, D. T., Wood, W., & Quinn, J. M.(2012). Habits—A repeat performance. Current Directions in Psychological Science, 21(1), 42-46.

Nideffer, R. M.(1976). The Inner Athlete: Mind Plus Muscle for Winning. Crowell.

Nideffer, R. M.(1993). Attention control training. In R. N. Singer, M. Murphey, & L. K. Tennant (Eds.), Handbook of research in sport psychology (pp. 542–556). New York, NY: Macmillan.

Orlick, T.(2008). In pursuit of excellence: How to win in sport and life through mental training. Human Kinetics.

Penedo, F. J., & Dahn, J. R.(2005). Exercise and well-being: A review of mental and physical health benefits. Current Opinion in Psychiatry, 18(2), 189-193.

Pennington, C. G., MacIntyre, T., & Reid, T.(2021). Ethical values in sports: A case study on the impact of sportsmanship training programs. Journal of Sport Ethics, 42(3), 67-82.

Pervin, L. A.(1996). The Science of Personality. Oxford University Press.

Pintrich, P. R., & Schunk, D. H.(2002). Motivation in education: Theory, research, and applications. Merrill Prentice Hall.

Posner, M. I., & Petersen, S. E.(1990). “The attention system of the human brain.” Annual Review of Neuroscience, 13(1), 25-42.

Ringelmann, M.(1913). Recherches sur les moteurs animés: Travail de l'homme. Annales de l'Institut National Agronomique, 12, 1-40.

Roberts, G. C., Treasure, D. C., & Conroy, D. E.(2018). Motivation in sport and exercise. Human Kinetics.

Rosenberg, M.(1979). Conceiving the self. Basic Books.

Ryan, R. M., & Deci, E. L.(2000). Self-determination theory and the facilitation of intrinsic motivation, social development, and well-being. American Psychologist, 55(1), 68-78.

Sallis, J. F., Hovell, M. F., & Hofstetter, C. R.(1992). Predictors of adoption and maintenance of vigorous physical activity in men and women. Preventive Medicine, 21(2), 237-251.

Sanders, G. S., Baron, R. S., & Moore, D. L.(1978). Distraction and social comparison as mediators of social facilitation effects. Journal of Experimental Social Psychology, 14(3), 291-303.

Schmidt, R. A.(1975). Motor Control and Learning: A Behavioral Emphasis. Prentice-Hall.

Schmidt, R. A., & Lee, T. D.(2014). Motor Control and Learning: A Behavioral Emphasis. Human Kinetics.

Schultz, W.(2015). Neuronal reward and decision signals: From theories to data. Physiological Reviews, 95(3), 853-951.

Schunk, D. H., & DiBenedetto, M. K.(2021). Motivation and Learning Strategies for College Success: A Focus on Self-Regulated Learning. Routledge.

Schwartz, B., & Barsky, S. F.(1977). The home advantage: Social pressure or biased officiating? Social Forces, 55(3), 641-661.

Selye, H.(1974). Stress Without Distress. Lippincott.

Singer, R. N.(1978). Motor Learning and Human Performance(2nd ed.). New York, NY:

Macmillan Publishing Company.
Skinner, B. F.(1953). Science and human behavior. Macmillan.
Smith, R. E.(1989). The sport psychology of sailing: A theoretical approach. Journal of Sport & Exercise Psychology.
Sheldon, W. H.(1954). The Atlas of Men: A Guide for Somatotyping the Adult Male at All Ages. Harper & Row.
Spence, K. W., & Spence, J. T.(1966). Theoretical interpretations of learning and motivation. Annual Review of Psychology, 17, 73-98.
Spielberger, C. D.(1972). Anxiety: Current trends in theory and research. Academic Press.
Steiner, I. D.(1972). Group process and productivity. Academic Press.
Thorndike, E. L.(1898). Animal Intelligence: An Experimental Study of the Associative.
Triplett, N.(1898). The dynamogenic factors in pacemaking and competition. American Journal of Psychology, 9(4), 507-533.
Tuckman, B. W.(1965). Developmental sequence in small groups. Psychological Bulletin, 63(6), 384-399.
Vallerand, R. J., & Losier, G. F.(1999). An integrative analysis of intrinsic and extrinsic motivation in sport. Journal of Applied Sport Psychology, 11(1), 142-169.
Vallerand, R. J., & Rousseau, F. L.(2001). The psychology of sports: The road to excellence. Psychology Press.
Vealey, R. S.(1986). Conceptualization of sport-confidence and competitive orientation: Preliminary investigation and instrument development. Journal of Sport Psychology, 8(3), 221-246.
Vealey, R. S.(2007). Mental skills training in sport. Sport Psychology: A Practitioner's Guide to Performance Enhancement.
Weinberg, R. S., & Gould, D.(2015). Foundations of Sport and Exercise Psychology (6th ed.). Champaign, IL: Human Kinetics
Weinberg, R. S., & Gould, D.(2018). Foundations of sport and exercise psychology. Human Kinetics.
Weiner, B.(1972). Theories of motivation: From mechanism to cognition. Rand McNally.
Weiner, B.(1985). "An attributional theory of achievement motivation and emotion." Psychological Review, 92(4), 548-573.
Weiner, B.(1986). An attributional theory of motivation and emotion. Springer-Verlag.
Weiner, B.(1992). Human motivation: Metaphors, theories, and research. Sage.
Williams, A. M., & Davids, K.(1998). "Visual Search Strategy, Selective Attention, and Expertise in Soccer." Research Quarterly for Exercise and Sport, 69(2), 111-128.
Williams, A. M., & Jackson, R. C.(2019). Anticipation and Decision Making in Sport.

Routledge.

Williams, R. M., Primig, M., Washburn, B. K., Winzeler, E. A., Bellis, M., Sarrauste de Menthière, C., Davis, R. W., & Esposito, R. E.(2002). The Ume6 regulon coordinates metabolic and meiotic gene expression in yeast. Proceedings of the National Academy of Sciences of the United States of America, 99(21), 13431-13436.

Wood, W., Tam, L., & Witt, M. G.(2005). Changing circumstances, disrupting habits. Journal of Personality and Social Psychology, 88(6), 918-933.

Yerkes, R. M., & Dodson, J. D.(1908). The relation of strength of stimulus to rapidity of habit-formation. Journal of Comparative Neurology and Psychology, 18(5), 459-482.

Zajonc, R. B.(1965). Social facilitation. Science, 149(3681), 269-274.

Zinsser, N., Bunker, L., & Williams, J. M.(2006). Cognitive techniques for building confidence and enhancing performance. In J. M. Williams (Ed.), Applied sport psychology: Personal growth to peak performance (5th ed., pp. 349-381). McGraw-Hill.

저자소개

■ 이영훈

강릉원주대학교 대학원 체육학과(체육학 석사)
가톨릭관동대학교 대학원 교육학과(교육학박사-교육심리전공)

현 경동대학교 체육학과 교수

<저서> 예비교사를 위한 교육학개론

스포츠지도사를 위한

스포츠심리학

초판 1쇄 인쇄 / 2024년 12월 5일
초판 1쇄 발행 / 2024년 12월 10일

•

저 자 / 이 영 훈
발행인 / 이 중 수
발행처 / **동 문 사**

•

서울특별시 서대문구 홍제원 1길 12
(홍제동 137-8)
Tel: 02)736-3718(대), 736-3710, 3720
Fax: 02)736-3719
등록번호: 1974.04.27. 제9-17호
가격: 19,000원

•

ISBN: 979-11-6328-683-7 (93690)
E-mail: dong736@naver.com
www.dongmunsa.com